Estrés

63

maneras de aliviar la tensión
y mantenerse saludable

Estrés

63

maneras de aliviar la tensión
y mantenerse saludable

Charles B. Inlander
Cynthia K. Moran

Traducción
Ana del Corral

GRUPO
EDITORIAL
norma

Barcelona, Bogotá, Buenos Aires, Caracas, Guatemala,
Lima, México, Miami, Panamá, Quito, San José, San Juan,
Santiago de Chile, Santo Domingo

Edición original en inglés:
STRESS
63 Ways to Relieve Tension
and Stay Healthy
de Charles B. Inlander y Cynthia K. Moran.
Un libro de People's Medical Society
publicado con autorización de Walker Publishing Company, Inc.
Copyright © 1996 por People's Medical Society

Copyright © 1999 para América Latina
por Editorial Norma S. A.
Apartado Aéreo 53550, Bogotá, Colombia
Reservados todos los derechos.
Prohibida la reproducción total o parcial de este libro,
por cualquier medio, sin permiso escrito de la Editorial.
Impreso por Cargraphics S. A. — Impresión Digital

Edición, Patricia Torres y Amalia de Pombo
Diseño de cubierta, Diana Pulido
Armada electrónica, María Inés de Celis
Fotografía de cubierta, Sergio Valencia

ISBN 958-04-5113-3

2 3 4 5 6   99 00 01 02

CONTENIDO

INTRODUCCIÓN

Conocí de primera mano el estrés cuando estudiaba en la universidad. Una mañana durante el tercer año me desperté y me di cuenta de que no tenía sensibilidad en el lado izquierdo del cuerpo. Podía utilizar el brazo y la pierna, pero no podía sentirlos. Tenía un cosquilleo en los dedos de la mano al igual que en los de los pies. Me dirigí al servicio de salud de la universidad; el médico no encontró nada malo. Me envió a un especialista, quien me ordenó una serie de pruebas que también resultaron negativas. Me recetó tranquilizantes que tampoco resolvieron el problema.

Por fin, en medio de la preocupación, tomé un vuelo a casa para consultar con el médico de mi familia. Examinó los resultados de las pruebas, me ordenó otras cuantas y me pidió que regresara en tres días. Cuando lo hice, me hizo sentar y me dijo que, orgánicamente, no había nada que estuviera funcionando mal. Me preguntó qué estaba sucediendo en la universidad. Le conté que estaba tomando muchos cursos, planeando todos los conciertos universitarios, tratando de encontrar un trabajo para las vacaciones, y trabajando en varias publicaciones. Me miró directamente a los ojos y me dijo que estaba haciendo demasiadas cosas. Me dijo que los síntomas eran reales, pero que eran ocasionados por el estrés. Sugirió que redujera mis actividades y tomara tiempo para relajarme. Y allí mismo en su consultorio, me enseñó varios ejercicios de respiración profunda. De manera sorprendente, cuando me disponía a salir de allí, mi "enfermedad del costado izquierdo" había desaparecido.

A lo largo de los años, he podido identificar muchos otros síntomas relacionados con el estrés. Y he aprendido estrategias y métodos para prevenir o aliviar esos síntomas. Pero la mayoría de la gente nunca aprende lo suficiente sobre cómo manejar y controlar los efectos del estrés. Por eso hemos escrito este libro.

Este libro es diferente de la mayoría de los que tratan sobre el estrés. Mientras que los otros generalmente enseñan o predican una técnica o método, este libro es un compendio de estrategias de prevención del estrés y de técnicas para controlarlo, aportadas por expertos de todas partes del mundo. Y eso es importante. Ningún plan contra el estrés funciona para todo el mundo. Por eso, cuanto más sepa usted, más capacitado estará para manejar el estrés en su vida.

La investigación médica ha demostrado que el estrés es uno de los principales causantes de enfermedades. Puede llegar a limitar la actividad, causar depresión severa e incluso matar. Pero se puede controlar. Y nosotros, en la *People's Medical Society* (Sociedad Médica

Popular) nos sentimos complacidos de poder ayudarle a tomar control de su propia vida y a mantener a raya los efectos del estrés.

Charles B. Inlander, Presidente
People's Medical Society

Entienda el estrés

La Asociación Médica Norteamericana define el estrés como cualquier interferencia que perturba el bienestar mental o físico de una persona. Sin embargo, generalmente definimos estrés como una respuesta a condiciones y sucesos, tanto rutinarios como fuera de lo común.

El precio que los organismos estatales de salud pagan por causa del estrés en un país es abrumador. Varios estudios del Instituto Nacional de Salud Mental de los Estados Unidos y otros sondeos muestran que:

- Entre setenta y ochenta por ciento de todas las consultas que reciben los médicos son ocasionadas por enfermedades inducidas por el estrés y relacionadas con éste.
- Las personas que viven con niveles de ansiedad altos tienen 4.5 más posibilidades de morir de un ataque al corazón o de una trombosis.
- En los Estados Unidos, el estrés es uno de los factores

que contribuye a la aparición del 50 por ciento de todas las enfermedades.

» En los Estados Unidos, las lesiones relacionadas con el estrés aumentaron del cinco por ciento del total de reclamos por enfermedades ocupacionales en 1980 a más del 15 por ciento en 1990.

» El costo del estrés laboral en los Estados Unidos se estima en más de 200 billones de dólares anualmente, incluyendo los costos por ausentismo, productividad perdida y reclamos de seguros de salud.

» Siete de cada 10 participantes en una encuesta en 1995 dijeron sentir estrés en un día de trabajo típico, mientras que el 43 por ciento de los entrevistados dijeron sufrir de notorios síntomas físicos y emocionales de agotamiento.

Nadie puede eludir por completo los efectos del estrés. El estrés es, sin duda, un aspecto normal del hecho de ser humanos. Es lo que nos mantiene alerta y despiertos y, en el pasado nebuloso, lo que nos mantenía un paso delante de los depredadores y otras amenazas a nuestra supervivencia. Aun hoy, el estrés puede funcionar como una fuente de motivación y un catalizador en el proceso de resolver problemas. También hay que tener presente que no todos los tipos de estrés parten de una crisis o de obstáculos insuperables. Puede ser producido por sucesos o condiciones que generan una carga de sentimientos de motivación o felicidad. Pero el verdadero problema cuando se trata de nuestra salud, según los expertos, es el estrés crónico de larga duración. Bien sea causado por cosas buenas o malas, el estrés crónico nunca es bueno.

Este libro busca combatir el estrés crónico y le enseñará cómo identificarlo, por qué es malo para su salud y distintas maneras de canalizarlo y mantenerlo bajo control.

¿Qué ocasiona el estrés?

La vida del siglo veinte está llena de estrés. Vivimos en un mundo que marcha a gran velocidad, en el cual la tecnología les permite a los seres humanos estar activos 24 horas al día. Mientras que nuestros antepasados se veían obligados a irse a la cama cuando terminaba la luz del día, la electricidad ha permitido que prolonguemos las horas de visibilidad (y de trabajo). El viaje en avión y las telecomunicaciones nos han unido globalmente a otras sociedades, sumándole un nuevo ingrediente al frenético ritmo de trabajo. Debido a la reverencia que sentimos por la productividad en el trabajo, dice el autor Staffan Linder, mucha gente se siente cada vez más presionada a trabajar más tiempo y con mayor esfuerzo para ganar más, lo cual con frecuencia lleva a dejar de lado las actividades de recreación y el tiempo en familia.

Los causantes del estrés son conocidos como factores estresantes, y pueden ser tanto físicos como emocionales, generados interna o externamente. Una variedad de estímulos físicos y emocionales, que incluyen la violencia física y los conflictos internos, pueden causar estrés. El estrés también puede ser causado por sucesos importantes de la vida —tener que dejar a un pariente en un hogar geriátrico, un nacimiento o una muerte, un divorcio o un matrimonio— o por eventos de un carácter más prosaico, como un cheque rechazado, quedar atascado en el tráfico, o sufrir una falla en el computador.

¿Cuál es la respuesta al estrés?

El proceso fisiológico que se inicia cuando el cuerpo reacciona a un factor estresante nos ha llegado intacto desde los tiempos de nuestros antepasados más remotos. El mecanismo de huir o pelear, activado por el sistema nervioso autónomo, puede salvarnos la vida en momentos de peligro. El cerebro libera epinefrina (también conocida como adrenalina) y cortisol, hormonas estimulantes y relacionadas con el estrés. El corazón late con mayor fuerza, la presión sanguínea aumenta, los músculos se tensionan, los sentidos se agudizan, el metabolismo cambia. La sangre se dispara hacia los órganos que más la necesitan para responder al ataque, lo cual deja las extremidades, como las manos, frías y sudorosas. Los efectos psicológicos se caracterizan por sensaciones de aprehensión, tensión y nerviosismo.

Esta reacción es instantánea y constituye una clara ayuda en situaciones que implican peligro físico inmediato. Sin embargo, con demasiada frecuencia el "peligro" es la pérdida del trabajo, una enfermedad prolongada o la muerte de un ser querido; e infortunadamente, muchos factores estresantes modernos no desaparecen rápidamente, aunque el cuerpo sí se mantiene listo para reaccionar.

La exposición continuada al estrés puede llevar a que se manifiesten síntomas mentales y físicos como la depresión y la ansiedad, palpitaciones del corazón y dolores musculares. Con frecuencia lo que sigue es la enfermedad... Pero sólo hace poco descubrimos por qué.

¿Cuándo conocimos los efectos nocivos del estrés?

La relación definitiva entre el estrés, la respuesta al estrés y los efectos negativos del estrés crónico fue descrita por primera vez en los años treinta cuando Hans Selye, endocrinólogo de la Universidad McGill, estudiaba el comportamiento de las ratas. Selye observó lo que les sucedía a las hormonas de las ratas cuando eran sometidas a una variedad de factores estresantes que incluían inanición, temperaturas extremas y puertas que se cerraban con un golpe. Al igual que Walter Cannon, otro eminente investigador en fisiología de los años treinta, Selye empleó el término *estrés*, tomado del campo de la ingeniería, para definir la miríada de comportamientos causantes de trauma a los cuales se estaba sometiendo a las ratas. Para explicar cómo reaccionaban al estrés, acuñó el término *síndrome general de adaptación*, una respuesta que consta de tres fases: alarma, adaptación (o resistencia) y fatiga.

La primera fase tiene lugar, según Selye, cuando el cuerpo se percata del agresor, alerta sus sistemas y luego se prepara para enfrentarse a la amenaza (la respuesta de huir o pelear). La segunda fase sucede cuando el cuerpo o bien se adapta a la amenaza, o se resiste a ella exitosamente mediante su mecanismo de respuesta al estrés y luego regresa a su estado natural u homeostático. La tercera fase ocurre solamente después de una exposición prolongada a los factores estresantes y está marcada por el hecho de que el cuerpo bajo estrés contrae diversas enfermedades. Selye le atribuía este fenómeno a una marcada reducción de las hormonas de respuesta al estrés en el organismo.

Es extraordinario que gran parte de la investigación de Selye sobre el estrés haya soportado la prueba del tiempo. Hoy, sin embargo, sabemos que las hormonas del estrés, cortisol y epinefrina, generalmente no se agotan en el organismo. Infortunadamente, es su presencia constante la que causa daño después de períodos prolongados de estrés. Aunque el aumento en los niveles de las hormonas del estrés varían de una persona a otra y también según el grado de estrés, cada vez existen más pruebas de que estos cambios hormonales pueden acarrear enfermedades.

¿Cómo afecta el estrés crónico a los diferentes sistemas del organismo?

Mientras que el cuerpo está en un estado de alerta total en respuesta a un factor estresante, la respiración es rápida y poco profunda. Esto agota el flujo de oxígeno que las células necesitan para su sostenimiento y buena salud. El estado crónico de alerta también inhibe funciones como el metabolismo, lo cual causa indigestión, fatiga estomacal y disminución del impulso sexual. El estrés también les pasa su cuenta de cobro al sistema cardiovascular y al inmune. El estrés con frecuencia ataca las áreas más vulnerables del organismo, aquellos puntos que las enfermedades, las lesiones o la predisposición genética hayan hecho más débiles.

Hoy en día sabemos que el sistema cardiovascular padece los efectos más nocivos del estrés. Estudios llevados a cabo en animales han demostrado que el cortisol aumenta el nivel de colesterol y de otros lípidos en la sangre y acelera el desarrollo de la arterioesclerosis (endurecimiento de las arterias) y otros síntomas de daño en las vías sanguíneas. El doctor Robert S. Eliot, cardiólogo e investigador sobre el estrés, ha descubierto además otro tipo de daño al corazón que se inicia con las hormonas del estrés. Descubrió que el exceso de cortisol les causa lesiones a los músculos del corazón. En su libro, *From Stress to Strength*, (Del estrés a la fuerza), Eliot explica que una acumulación de lesiones, creadas a lo largo del tiempo por un estrés sin control, finalmente hace que las cámaras de bombeo del corazón se contraigan en exceso: el corazón empieza a bombear tan erráticamente que, sin primeros auxilios (consistentes en general en un choque eléctrico con un desfibrilador), le ocasiona la muerte al paciente.

Otros efectos cardiovasculares negativos incluyen dolores en el pecho y arritmias.

Por otra parte, las investigaciones muestran cada vez más los efectos negativos del estrés sobre el sistema inmune. La defensa del organismo contra la infección y la enfermedad consta de vasos linfáticos, órganos (el timo, el bazo, las amígdalas, las adenoides y los nódulos linfáticos), los glóbulos blancos, las células especializadas de los tejidos y los sueros especializados. Se cree que las hormonas que se disparan con el estrés inhiben la actividad de los glóbulos blancos, las células que combaten la enfermedad y que también han sido relacionadas por algunos estudios con el cáncer. También hacen encoger el timo, el órgano encargado de desarrollar y mantener el sistema inmune. Esto lleva a que, en épocas de estrés prolongado o desmedido, el timo libere una menor cantidad de hormonas relacionadas con la inmunidad. Los científicos también piensan que el sistema inmune, que funciona mejor durante la relajación y el sueño, sufre cuando hay estrés crónico puesto que el estrés promueve las funciones de los sistemas consciente y voluntario.

Los efectos del estrés sobre el sistema inmune están bien documentados. En un estudio sobre el estrés y el resfriado común, investigadores de la Universidad Carnegie Mellon pusieron virus de gripe en las narices de 400 voluntarios. Encontraron que quienes tenían un alto nivel de estrés en su vida tenían el doble de probabilidades de contraer un resfriado. En otro estudio, investigadores de la Universidad Estatal de Ohio midieron la función inmune de 19 voluntarios, cada uno de los cuales cuidaba a su cónyuge, que tenía una enfermedad grave, y los compararan con los resultados de 69 voluntarios que carecían de obligaciones de ese estilo. Los resultados un año después demostraron que quienes cuidaban a sus cónyuges enfermos tenían una función primaria inmune significativamente más débil que los del otro grupo, y que sus resfriados duraban el doble.

Un giro curioso en la conexión estrés — sistema inmune surgió como resultado de investigaciones llevadas a cabo en la Universidad de Rochester. Antes los investigadores creían que la respuesta de huir o pelear ocasionaba la destrucción de células inmunes y debilitaba la respuesta inmune. El estudio más reciente demostró que una experiencia estresante hace que el organismo envíe células inmunes a diferentes partes del cuerpo, donde tal vez sean necesarias para atacar organismos invasores. Y cuando ha pasado la situación estresante, las células migran de regreso a sus lugares habituales en el cuerpo. Esto tal vez explique por qué durante un suceso o crisis importante las personas pueden exigirle el máximo a su organismo sin enfermarse, y sólo se enferman después de que ha pasado el suceso estresante.

Es importante anotar que este descubrimiento se refiere concretamente al estrés de corta duración. Los investigadores reconocen que el estrés crónico o prolongado definitivamente deprime la respuesta inmune.

¿Puede el estrés afectar la mente?

Las investigaciones indican que el estrés crónico puede acelerar la pérdida de memoria. Estudios recientes se han centrado en el efecto del estrés sobre el hipocampo, el centro de la memoria en el cerebro. Un estudio realizado en animales consistió en administrarles repetidas dosis de cortisol, la hormona que el cuerpo libera durante los períodos de estrés. Luego se midió el hipocampo de los animales y se encontró que habían perdido células, lo cual indicaba que el estrés había tenido un efecto negativo sobre el hipocampo y por lo tanto sobre la memoria.

Un estudio sueco que duró seis años y midió la memoria y otras habilidades mentales en 130 hombres mayores también mostró que el estrés afecta la memoria. En el estudio, el deterioro de la memoria y de otras habilidades mentales fue seis veces mayor en quienes sufrieron durante el estudio la pérdida de sus cónyuges o de algún hijo. Otras investigaciones están empezando a mostrar que las hormonas del estrés también estimulan en exceso las áreas del cerebro que están más estrechamente asociadas a la depresión, lo cual puede indicar que las personas que padecen estrés crónico sean más susceptibles a esa condición.

¿Cómo sabemos cuándo el estrés está atentando contra la salud?

Lo que determina si el estrés atenta contra la salud es una combinación de cuánto estrés padecemos en nuestra vida en un momento dado y cómo reaccionamos a él. Algo de estrés —bueno o malo— puede ser benéfico porque nos mantiene alerta, nos reta y nos garantiza que todos nuestros sistemas están respondiendo. Cuando el estrés se traslada a la categoría de dañino, puede manifestarse como una combinación de síntomas de comportamiento, emocionales, intelectuales y físicos, que pueden indicar que el estrés no se está manejando debidamente. Selye, pionero en investigaciones sobre el tema, dividió los síntomas del estrés en tres categorías:

De comportamiento — emocionales	
aprehensión	negación
bruxismo habitual	pánico
cambios de estado anímico	retraimiento
consumo excesivo de alcohol	ser crítico de uno mismo o de los demás
depresión	tendencia a comer a la carrera
desconfianza	tendencia a comerse las uñas
disminución de la iniciativa	tendencia a comportarse a la defensiva
falta de satisfacción con las	tendencia a culpar a otros
experiencias gratas	tendencia a fumar en exceso
indecisión	tendencia a llorar
inquietud	tendencia a quejarse
ira y hostilidad	tendencias suicidas
irritabilidad	

Intelectuales	

disminución de la fantasía
falta de atención a los detalles
falta de concentración
falta de conciencia de los estímulos
   externos
	olvido
	preocupación
	reducción de la creatividad
	tendencia a enfocar el pasado
	   en lugar del futuro

Físicos	
anorexia boca seca capacidad motriz alterada contracciones musculares diarrea dolores de cabeza dolores de estómago eczema escozor en el cuero cabelludo espasmos de las manos y los pies estornudos estreñimiento fatiga crónica frecuente necesidad de orinar	indigestión ingestión desmedida de alimentos inhibición de la función sexual hiperactividad insomnio náusea y/o vómito palmas sudorosas palpitaciones del corazón pérdida del apetito piel húmeda y pegachenta postura agachada pupilas dilatadas temblores, tics o espasmos

¿Existe lo que podría denominarse una persona resistente al estrés?

Nadie es inmune al estrés, pero algunos lo toleran mejor que otros. Un estudio sobresaliente que inició el doctor Raymond B.

Flannery en 1989, buscaba identificar las principales características necesarias para resistir el estrés.

El proyecto SMART, como se denominaba, estudió a 1.200 personas que parecían tener buena resistencia al estrés y concluyó que la persona que tolera efectivamente el estrés reúne cuatro cualidades: 1) Mira los problemas de manera positiva, como retos que debe enfrentar; 2) tiene metas personales bien definidas; 3) se embarca en un estilo de vida sensato, que incluye ejercicio aeróbico regular y algún sistema de relajación; y 4) tiene relaciones sociales. (Para ayudarle a evaluar el estrés en su vida se han desarrollado una serie de pruebas que usted puede hacer individualmente y que se incluyen en el Apéndice de este libro.)

Aunque los estudios muestran que algunas enfermedades no pueden ser aliviadas sino mediante alguna forma de intervención médica y de un programa de manejo del estrés, no cabe duda de que emplear regularmente técnicas para reducir el estrés estimulará su respuesta inmune, mejorará sus perspectivas y, ante todo, hará que su vida sea mucho más grata. Ahora, comencemos.

Consejos para prevenir y aliviar el estrés

S i bien es cierto que la mala noticia es que muchas dolencias y enfermedades están relacionadas con el estrés, la buena es que la gente parece estar entendiendo el mensaje sobre la importancia de tratar de prevenir y aliviar el estrés. La reducción del estrés es un esfuerzo que requiere de autoconocimiento, optimismo, seguridad y una estrategia personal para manejar los sucesos que ocasionan estrés. También requiere de atención cuidadosa al cuerpo y a la salud. Los consejos que encontrará en este capítulo le ayudarán a aprender a manejar el estrés y, lo que es más importante, a evitarlo lo más posible.

Estilo de vida

La manera como uno vive, sus actitudes y emociones, y la gente de la que se rodea, todo incide en la cantidad de estrés que uno tolera y en cómo lo maneja. Pruebe estas tácticas para ayudarse a mantener una actitud mental libre de estrés.

➤ La risa

Como lo muestran las investigaciones, la risa puede ser uno de los antídotos más saludables contra el estrés. Cuando nos reímos —e incluso, según algunos estudios, cuando simplemente sonreímos—, aumenta el flujo de sangre al cerebro, se liberan endorfinas (hormonas analgésicas que nos dan una sensación de bienestar), y bajan los niveles de hormonas del estrés. Las investigaciones llevadas a cabo en las escuelas de medicina y salud pública de la Universidad de Loma Linda muestran que la comedia hace descender los niveles de cortisol y epinefrina en el organismo, y por lo tanto baja la presión sanguínea y disminuye otros problemas cardiovasculares. El descenso en los niveles de hormonas del estrés permite un aumento en la producción de glóbulos blancos, lo cual incrementa la inmunidad.

El fallecido autor Norman Cousins condujo una investigación personal importante cuando, para combatir su espondilitis anquilosante (una forma de artritis irreversible e incapacitante), eligió un tratamiento de alquilar películas de humor y de reírse tanto como fuera posible. La enfermedad entró en remisión y él vivió más allá de las expectativas de los médicos.

Para llegar a tener una vida libre de estrés mediante la risa, la mayoría de los adultos tenemos un gran trabajo por hacer. Según un estudio publicado en la edición de julio/agosto de 1995 de la revista *Men's Health,* los niños se ríen en promedio 400 veces en el día, mientras que los adultos sólo logramos unas 15 risitas.

➤ Sea un animal social

Cuando estamos bajo estrés, nuestros instintos con frecuencia nos invitan a retirarnos de la acción y a aislarnos. Nada podría ser peor, según los expertos, ya que el aislamiento nos permite concentrarnos más en nuestros problemas y en los pensamientos negativos, actividades que intensifican el estrés en lugar de ayudar a resolverlo. Años de investigaciones sustentan las teorías que asocian el aislamiento con la incapacidad de manejar bien el estrés, con la creciente vulnerabilidad a la enfermedad e incluso con la muerte prematura.

Intente llamar a sus amigos para que coman juntos, o esfuércese por estar cerca de niños pequeños, quienes tienen una manera especial de hacernos olvidar de nosotros mismos y de nuestras preocupaciones. O haga algún trabajo voluntario que le agrade. Un estudio de 10 años de la Universidad de Michigan demostraba que la tasa de mortalidad era dos veces más alta en hombres que no hacían ningún trabajo voluntario, contra la tasa de mortalidad de hombres que hacían trabajo voluntario al menos una vez a la semana.

➤ Conozca la relación entre su personalidad y el estrés

¿Sabe usted cómo reaccionar ante el estrés? ¿Grita y patea los muebles cuando tiene muchos problemas? ¿O se refugia en un férreo silencio? Lleve un diario sobre el estrés durante dos semanas. Anote todos los factores estresantes —el asunto o suceso que le ocasiona estrés; la hora, el lugar y el día en que ocurre; cómo se siente (enojado, derrotado, cansado, abrumado) y qué hace cuando eso sucede. Al conocer su propia personalidad y los factores desencadenantes, usted puede aprender a responder al estrés antes de que éste llegue a un estado crítico.

El doctor Robert K. Cooper, autor de *The Performance Edge* (La ventaja en el rendimiento), recomienda invocar, ante la primera señal de estrés, lo que él llama la "secuencia de calma inmediata":

- Practique respiración ininterrumpida.
- Ponga una cara positiva. Los estudios demuestran que los optimistas manejan el estrés mejor que los pesimistas.
- Adopte una posición equilibrada.
- Libere la tensión muscular.
- Ejercite el control mental. Enfoque sus pensamientos en la situación y en sus opciones para resolverla.

Más adelante en este capítulo se discuten consejos sobre la postura, y métodos de respiración y relajación.

➤ *Deshágase de la ira*

La ira en sí misma no es tóxica, pero la manera como la expresamos —o la reprimimos— sí puede serlo. Un estudio de la Escuela de

Salud Pública de la Universidad de Michigan concluyó que la ira mal manejada está relacionada con un incremento del 2.5 en el riesgo de muerte. Las conclusiones más sobresalientes de las investigaciones recientes sobre el estrés indican que la ira, especialmente la hostilidad, es en particular la característica de personalidad más perniciosa de las que preceden los ataques al corazón. Un estudio a largo plazo, discutido en la edición del 25 de abril del *New York Times*, le hacía seguimiento a un grupo de hombres que habían tomado una prueba de hostilidad cuando eran estudiantes de leyes. Muchos años después el estudio de seguimiento reveló que casi el 20 por ciento de los que ocupaban el cuarto superior en la escala de hostilidad habían muerto antes de llegar a los cincuenta años de edad, comparados con sólo el 4 por ciento de los que ocupaban el cuarto inferior de la escala.

¿Cuál es la mejor manera de manejar la ira? La sabiduría popular sostiene que es sano expresar la ira para dejarla salir. Por otra parte, Cooper recomienda un "manejo reflexivo", es decir, reconocer la ira sin recurrir a la hostilidad abierta física o verbal. Tanto discutir el conflicto con la otra persona como resolverlo uno mismo ayuda a evitar la hostilidad y a retomar el control emocional. Quienes ponen en práctica el manejo reflexivo, dice Cooper, resuelven los problemas más rápido y más eficazmente, liberan sus organismos de la ira y gozan de mejor salud que quienes guardan rencores o explotan. Por las mismas razones, muchos expertos en estrés recomiendan un ejercicio en "terapia del perdón":

Después de haber arreglado una situación de hostilidad, o incluso si no se ha resuelto, dejar lo pasado en el pasado puede darle un sentido de límite al problema y reducir la ira a la indiferencia, disminuyendo así los niveles de estrés.

➤ *Haga que su empleo trabaje en su favor*

Una reciente encuesta de *Northwestern National Life* mostraba que si bien los empleados culpan de su insatisfacción laboral al exceso de trabajo, la causa real del estrés relacionado con el trabajo es la falta de control personal. Un estudio del Bureau of National Affairs de Estados Unidos encontró que hasta uno de cada cuatro jefes administra la oficina de la misma manera como sus padres manejaban el hogar, utilizando tácticas que degradan, insultan o abusan de los empleados. Consecuentemente, el estudio mostraba que los empleados sometidos a esta clase de tratamiento, que minaba su sensación de control, tenían más problemas de salud. En otro estudio que examinó todos los empleos en la planta de Volvo en Gotemburgo, Suecia, se demostró que aquellos empleados que creían que tenían más influencia en su trabajo tenían una motivación más alta y estaban menos sujetos a presentar padecimientos de salud relacionados con el estrés que quienes se consideraban como meras tuercas en el engranaje.

En sus investigaciones pioneras sobre la relación entre el estrés y el rango laboral, el ingeniero industrial Robert Karasek, ahora en la Universidad de Berkeley, en California, concluyó que la posición más estresante no es la superior. Encontró que los puestos en los cuales los empleados eran más susceptibles a sufrir ataques al corazón y a sentir un alto nivel de estrés eran los de secretarias y trabajadores de menor rango en áreas de alta exigencia y de escaso control, más que los directivos, donde el empleado tiene un alto nivel de control en su trabajo.

Aunque posiblemente usted no pueda reescribir la cultura corporativa de su empresa, sí puede cambiar la manera como reacciona a ciertos asuntos de control en el trabajo. He aquí algunos consejos:

》 Trate de ser un participante activo. La pasividad lleva al estrés y a la pérdida de control personal. Haga preguntas y ofrezca respuestas, asista a las reuniones y eventos de la compañía, y asegúrese de que su voz sea escuchada en su lugar de trabajo.

》 Sea solidario con sus compañeros de trabajo. El apoyo social funciona como paliativo. Las buenas relaciones con los compañeros, con un jefe respetuoso, o con miembros de un equipo en el cual uno participa ayudan a establecer un sentido de control en una parte del trabajo.

》 Cuando la pérdida de control sea precipitada por un suceso enojoso, trate de contar hasta diez antes de reaccionar. Esto ayuda a evitar el conflicto, y la pausa puede ayudarle a retomar un sentido de control.

> Si ya sabe que tiene el trabajo equivocado, acepte el hecho y trate de mejorar sus habilidades en su tiempo libre, para que pueda cambiar de trabajo (o incluso de rumbo profesional).

LA PLAGA DEL ESTRÉS LABORAL

La relación entre su ocupación, el estrés y la depresión es muy fuerte. Un estudio de 1990 desarrollado en la Universidad Johns Hopkins con 12.000 trabajadores mostró una alta correlación entre el estrés y la cantidad de autonomía —control— que el trabajador siente que tiene en su empleo.

Las categorías laborales de más alto nivel de estrés incluyen las siguientes: abogados, secretarias, operadores de computador y encargados de insertar datos, profesores en el área de educación especial y consejeros escolares, mecanógrafos, ayudantes en salud, camareros y camareras, trabajadores en el área de preparación de alimentos y personal de ventas. Todos desempeñan trabajos exigentes para los cuales otras personas establecen las reglas. En la sociedad de hoy donde impera la corporación reducida, un trabajador con frecuencia cumple las funciones que 3.1 personas desempeñaban hace una década, la exigencia de rendimiento es aun más intensa de lo que era durante el estudio Hopkins en 1990. A pesar de esta realidad, el autor de libros de negocios Morty Lefkoe, reporta que algunas empresas disminuyen el estrés mediante la estrategia de organizar el trabajo alrededor de compromisos establecidos por el mismo trabajador, mostrando igualdad en los títulos, estimulando la confianza y la comunicación abierta, y prestando gran atención a la seguridad y al sentido de estabilidad de los empleados. Los investigadores de la Universidad de California, en Berkeley, Robert Karasek y Tores Theorell concluyen que son siete los ingredientes claves que conforman la satisfacción laboral:

> **Discernimiento en cuanto a las habilidades.** Esto permite el máximo uso de las habilidades y la oportunidad de mejorarlas o aumentarlas.

> **Autonomía.** El control sobre lo que uno hace puede incluir la participación en la planeación a largo plazo y horas flexibles.

> **Demandas psicológicas.** Se mezclan las viejas rutinas con otras nuevas. Hay retos predecibles, y los empleados tienen algo de injerencia en las exigencias que se les hacen.

> **Relaciones sociales.** Los empleados pueden colaborar.

> **Derechos sociales.** Los procedimientos democráticos son la regla, y hay un sistema de quejas estable.

> **Significado.** Los empleados entienden qué están produciendo y para quién lo hacen y reciben retroalimentación de los clientes.
> **Integración de la familia y de la vida comunitaria con el trabajo.** El empleo le permite al trabajador tener tiempo y energía para cumplir sus responsabilidades familiares y desarrollar actividades fuera del trabajo.

 ## *Sea decidido*

La indecisión generalmente obstaculiza la acción, lo cual causa una pérdida del sentido de control y por lo tanto intensifica el estrés. Si usted es indeciso, ¿cómo puede modificar su comportamiento? En primer lugar, anote el problema y haga una lista de sus opciones, incluyendo la opción de no hacer nada, según lo sugiere el investigador Leon Chaitow, en su libro *Stress*. Luego, dice él, en lugar de pensar de manera lineal (comenzar en un determinado punto para dirigirse al objetivo deseado), pruebe el pensamiento lateral, en el cual uno considera alternativas poco comunes y sus pros y contras. Más aún, esté dispuesto a hacer concesiones. Es bueno recordar que no hay prácticamente ninguna decisión que no pueda ser modificada más adelante.

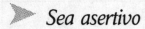 *Sea asertivo*

Defienda sus decisiones. Mucha gente equipara erróneamente la asertividad con la hostilidad y la agresividad, cuando lo que realmente significa es expresar nuestros propios sentimientos, comunicarles a los demás nuestras creencias y opiniones sobre algún asunto y actuar en representación nuestra para satisfacer nuestras creencias y necesidades. En *Coping With Stress* (Manejo del estrés) el psicólogo James W. Mills sugiere las siguientes formas de volverse más seguro: Hable, inicie conversaciones, busque e inicie una amistad, manifieste su desacuerdo con los demás cuando piense de manera diferente, ofrezca y acepte cumplidos, pida información, cuéntele a alguien algo sobre usted mismo, y hágales saber a los demás sus deseos y necesidades.

Rompa el ciclo estrés – insomnio

La falta de sueño adecuado —en promedio, un adulto necesita entre siete y ocho horas cada noche— puede hacer que uno se sienta malhumorado, enojado y más vulnerable a las enfermedades y a los factores estresantes que acechan diariamente. Durante el sueño, las células se reponen y se reparan, el sistema inmune se fortalece, las toxinas se filtran para que puedan salir del cuerpo, y los músculos se relajan. La Comisión Americana de Perturbaciones del Sueño encontró que el 36 por ciento de las personas no duerme lo suficiente. Junto con el estrés, la fatiga está clasificada entre las cinco razones por las cuales la gente visita al médico con mayor frecuencia.

Si usted se despierta una o dos horas después de haberse acostado, con la mente dándole vueltas a la oficina o a la familia, he aquí algunos consejos para ayudarle a aliviar el problema:

» Desarrolle una rutina diaria de sueño, o un ritual que le indique a su mente que es hora de dormir.

» No beba alcohol ni cafeína y tampoco fume. Todas estas sustancias tienen efectos negativos sobre el sueño.

» Haga algo relajante antes de irse a la cama. No vea una película llena de violencia ni lea libros de tramas complicadas, como por ejemplo novelas de crímenes.

» Reserve su habitación solamente para dormir y para tener relaciones sexuales.

» Durante el día, pero especialmente antes de acostarse, ensaye una estrategia de relajación. (Puede encontrar más información sobre estrategias de relajación en la sección de este capítulo titulada "Cómo cuidarse a usted mismo").

➤ Adapte su medio ambiente

El color, la luz y el ruido son elementos que interactúan con nuestros sentidos e influyen sobre ellos. Pueden trabajar en contra de uno, aumentando el estrés, o a favor, si funcionan como reductores ambientales del estrés.

》 **El color**. El psicólogo Max Luscher condujo investigaciones pioneras sobre la psicología del color y propuso la teoría de que nuestra respuesta al color, al igual que la respuesta al estrés, se remonta a épocas tempranas. Para reducir el estrés en su entorno, pinte una habitación de azul claro —color que los expertos consideran tranquilizante— o de blanco puro (con accesorios coloridos), en lugar de hacerlo con colores vivos.

》 **La luz**. El tipo de iluminación interior con que usted vive y trabaja puede desempeñar un papel importante en el estrés. Si hay luces fuertes fluorescentes que lo incomodan, ensaye a cambiarlas por un bombillo de color azul pálido o hasta uno de color cálido. Algunas personas que sufren de migrañas evitan del todo la luz fluorescente, puesto que se cree que su titilar subliminal puede desencadenar la migraña. Si por cualquier razón no puede cambiar la luz fluorescente, ubique además en el área una lámpara incandescente para contrarrestar el resplandor cenital.

La aparición de la pantalla de computador ha hecho que les prestemos atención a la luz y a los problemas de visión. La pantalla nunca debe estar iluminada desde atrás (ubicada frente a una ventana, por ejemplo) porque el resplandor es potencialmente dañino para los ojos. La pantalla tampoco debe estar ubicada de manera que refleje ningún tipo de luz interior. Evite tener que entrecerrar los ojos, lo cual tensiona los músculos de la cabeza y el cuello y cambia el flujo de sangre a la cabeza, generando estrés. Por último, independientemente de la luz con la cual trabaje, proporcióneles rutinariamente a sus ojos períodos de descanso. Si está trabajando con un computador, trate de hacer una pausa de cinco minutos por lo menos cada hora: enfoque algo diferente y mire a la distancia, luego mueva la cabeza en círculos.

El ruido. Un medio ambiente ruidoso es un medio ambiente estresante. Además de que deteriora la audición, puede acelerar el ritmo cardíaco, afectar el estado de ánimo, impedir la concentración o el pensamiento claro, y contribuir a causar afecciones nerviosas.

La Administración de Seguridad y Salud Ocupacional de los Estados Unidos considera que 70 decibeles es el máximo nivel al que uno puede estar expuesto durante un tiempo prolongado sin correr peligro. La seguridad (que tiene en cuenta los niveles saludables de estrés), disminuye sustancialmente con cada aumento de cinco decibeles, dicen los autores Edith Weiner y Arnold Brown. Para que pueda comparar: Un avión que sobrevuela está en el rango de 110 a 120 decibeles; el timbre del teléfono, 800; el tránsito, entre 70 y 90; y un restaurante bullicioso, 70.

El hecho es que un ruido no tiene que ser necesariamente fuerte para contribuir al estrés. Los ruidos de fondo también cuentan. Uno de los más dañinos y ubicuos ruidos de trabajo, por ejemplo, puede ser el ronroneo de baja frecuencia de una unidad de aire acondicionado, un computador o una copiadora, e incluso una luz cenital fluorescente.

Las investigaciones muestran que nos estresan y nos molestan fisiológicamente ruidos que pensamos que ya hemos dejado de percibir. Un estudio llevado a cabo cerca de un aeropuerto analizaba el sueño de voluntarios que decían haberse acostumbrado hasta tal punto al ruido de los aviones aterrizando que ya ni lo percibían. Las investigaciones demostraron lo contrario. Estas personas tenían un sueño mucho más fragmentado que el de quienes no vivían cerca de aquel ruido intruso.

➤ *Anímese*

Si usted generalmente (o siempre) tiene la tendencia de culparse a usted mismo por sus problemas —aun cuando no sean culpa suya— puede ser culpable de un discurso negativo hacia usted mismo, lo cual es un factor generador de estrés. En lugar de esa actitud, trate de hablarse positivamente frente al espejo para practicar, si es necesario. Dígase, "bien hecho", o "manejaste muy bien esa situación tan difícil". Eventualmente, el discurso positivo se volverá una respuesta automática. Los estudios muestran que quienes aceptan los contratiempos como ocurrencias normales y rutinarias de la vida y quienes se hablan a sí mismos en términos positivos sobre estos sucesos, tienen una mayor autoestima y niveles mucho más bajos de estrés.

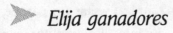

Elija ganadores

Las relaciones toman tiempo y una gran cantidad de energía emocional, así que sea sabio a la hora de invertir y desarrollar una relación cercana, bien sea una amistad, o una relación romántica o de negocios. La gente negativa, hipercrítica o aislada le adiciona estrés a cualquier relación. Contrariamente, la gente optimista, que tiene una alta autoestima y que busca la compañía de los demás, tiende a sentir menos estrés y contribuye a disminuir el nivel de estrés de quienes están a su alrededor.

Concédase recompensas

Las recompensas son un componente crucial del manejo del estrés. Tienen la consecuencia positiva de liberar endorfinas, las hormonas que reducen el dolor y nos ayudan a sentirnos bien, aliviando así el estrés. Importantes investigaciones han confirmado otros beneficios de otorgarse recompensas habitualmente. Un estudio de la Universidad Estatal de Nueva York, en Stony Brook, reportado por el psicólogo Arthur Stone, mostraba que quienes se premiaban a sí mismos mediante actividades placenteras lograban darle un impulso durante varios días a la capacidad de combatir las enfermedades de su sistema inmune.

¿Qué clase de recompensas estamos sugiriendo? Cualquier actividad o situación que usted disfrute o que lo haga reír, y no tiene que costar dinero: ir al cine, mirar libros en la librería preferida, pasar tiempo con una buena amiga, visitar un parque, leer una revista, hablar por teléfono durante diez minutos con un amigo... la lista es interminable.

Si no puede tomarse un tiempo en el trabajo para darse una verdadera recompensa, por lo menos dése usted una palmadita en la espalda acompañada de una pausa de diez minutos (camine por la oficina, haga ejercicios de relajamiento, cómase un pasabocas saludable). Déle continuidad al anterior sistema concediéndose algo especial al final de un día de trabajo. Incidentalmente, una buena técnica de manejo del estrés es programar por lo menos una actividad grata al día, sea que usted esté o no en el negocio de las recompensas.

➤ Establezca rituales

Un ritual es un procedimiento, sistema, patrón o práctica establecida. La gente que vive muy estresada generalmente vive rodeada de caos mental y físico. Establecer rituales ahorra tiempo y por lo tanto puede ayudar a prevenir y a reducir el estrés. Cuando usted realiza actividades importantes de una manera regular y consistente, con el tiempo esos rituales se convierten en algo automático, y así no se necesita mucha planeación para decidir cómo y cuándo emprender la actividad. Un ritual también puede ser una fuente de consuelo en tiempos de estrés, cuando los actos predecibles y ciertos nos comunican la tranquilidad de que, por mal que nos vaya, algunas cosas permanecen constantes.

➤ *Cultive su espiritualidad*

En ocasiones de estrés profundo las creencias religiosas o espirituales nos proporcionan un contexto más amplio, que nos ayuda a poner las cosas en perspectiva. Quienes tienen una fe firme con frecuencia dicen que derivan de sus creencias la fuerza para encarar problemas o tragedias. Las investigaciones han encontrado que la fe en un ser superior puede ayudarnos a aliviar el estrés. En su libro *Why Zebras Don't Get Ulcers* (Por qué a las cebras no les da úlcera), el autor Robert M. Sapolsky hace un recuento de un estudio sobre padres de niños con casos de cáncer terminal. Los padres que sentían que Dios los estaba escogiendo a ellos —y a sus hijos— para llevar una carga especial tenían muchas mayores probabilidades de responder bien al estrés que quienes rechazaban la espiritualidad.

La espiritualidad no tiene que practicarse en un lugar formal de culto. Puede que no signifique más que comunicarse con la naturaleza mediante una caminada diaria en un parque, o disponer de un tiempo tranquilo y de reflexión en algún momento del día para contemplar algo fuera de las tensiones mundanales de nuestra vida. Sin embargo, la religión organizada proporciona estructuras de ritual y ceremonia, dos cosas que prestan un firme apoyo y pueden ofrecer calma en épocas de estrés. Como lo anota Mills en *Coping With Stress*, los rituales y las ceremonias establecidas por la sociedad y las religiones para los momentos más cruciales de la vida (grados, matrimonios y funerales, por ejemplo) nos ponen en contacto con los demás, nos proporcionan guías sobre cómo reaccionar, y nos ayudan a compartir la experiencia y la sabiduría de otros.

➤ *Anote las emociones reprimidas*

Anotar los sentimientos en un diario puede ayudarle a aliviar el estrés emocional causado por la pérdida del trabajo, los problemas maritales, estar enojado con un amigo o familiar, o soportar otro tipo de experiencia traumática. Esto es especialmente útil para aquellas personas a quienes se les dificulta hablar de sus problemas, preocupaciones, o asuntos de gran profundidad emocional. También es útil para quienes no tienen un interlocutor fácilmente disponible.

Algunos expertos sienten que el simple acto de hablar es lo que ayuda a aliviar el estrés. En un estudio llevado a cabo por el psicólogo James W. Pennebaker, de Southern Methodist University, los participantes escribieron durante 20 minutos al día, cuatro días consecutivos, sobre asuntos o emociones que les estaban causando estrés. Quienes continuaron con el ejercicio mostraron mejor salud mental y mayor habilidad para manejar la tensión.

➤ *Húyale a la perfección*

¿Es usted de los que tarda en emprender proyectos porque sabe que no se ejecutarán a la perfección? ¿Se siente altamente ansioso de tener que desarrollar cada proyecto perfectamente bien? ¿Trabaja, luego pule y vuelve a pulir, hasta que finalmente no puede entregar a tiempo?

Si es así, entonces tiene una vena perfeccionista, un hábito que fomenta toda una variedad de características que inducen al estrés, incluyendo la dilación, el estar a la defensiva, el temor, la culpa y la incapacidad de delegar. Un estudio que tenía en cuenta los reportes de 9.000 administradores y profesionales concluyó que el perfeccionismo produce un desempeño de menor calidad. La investigación también citaba problemas de salud causados por esta clase de estrés auto inducido. Adicionalmente, las personas que se imponen estándares inalcanzables tienden a perder la autoestima al fracasar en su meta, lo cual empeora el estrés.

Derrotar el perfeccionismo exige tomar control de las cosas pendientes, bien sea en casa o en el trabajo. Decida cuánto tiempo tiene y luego analice el nivel de calidad que debe tener el producto terminado. En ocasiones no es necesario hacer un proyecto de la mejor calidad cuando uno de inferior calidad sería suficiente. (Esto es lo que algunos llaman sub-optimización). Cuando haya establecido estos parámetros, empiece y termine.

Sea niño

La próxima vez que se sienta ansioso o bajo estrés, haga una pausa y regrese a su infancia. Haga algo simple y tonto: dibuje con creyones, alquile una película favorita de la infancia, haga pompas de jabón, pida prestados libros para niños o encuentre los preferidos de la infancia. Un día de volver a las épocas en que la vida era simple es una forma sencilla y poco costosa de derrotar el estrés. Divertirse, al igual que reírse, inicia una liberación de endorfinas, las hormonas del bienestar.

Los lugares de trabajo han tomado en cuenta este gusto por lo simple y divertido. La edición del 16 de junio de 1994 del *Wall Street Journal* traía un reportaje sobre una agencia de publicidad en California que tenía, en el lugar de descanso, bolsas de entrenamiento de boxeo decoradas con las caras de sus ejecutivos. La misma agencia anima a sus empleados a decorar sus oficinas con colores atrevidos. Otra había llevado a cabo un torneo interno de golf en las oficinas, en dos canchas de nueve hoyos que los empleados habían construido.

 Bájele a la velocidad

Trate de moverse, hablar y comportarse de manera más lenta y relajada, y fíjese si esto no hace ceder el estrés. El doctor Stephan Rechtschaffen, director del Instituto Omega de Estudios Holísticos, y autor del libro Cambio de ritmo, sugiere estas estrategias para andar más lento:

》 Disminuya en 20 kilómetros por hora la velocidad de conducir. Esté especialmente atento a los momentos en que conduce muy rápido incluso, cuando no tiene afán.

》 Haga una pausa en la mesa antes de comer. Bendecir los alimentos o simplemente sentarse en silencio, dicc Rechtschaffen, nos hace apreciar la comida en lugar de atragantarnos. Cuando coma, mastique conscientemente con mayor lentitud de la acostumbrada.

》 Espere cinco minutos después de estacionar el auto, antes de entrar en la casa. Si lo desea, escuche la radio. Lo importante es que se relaje y se refresque, y haga la transición hacia la casa con suavidad.

》 Dése una ducha después del trabajo. Es relajante y marca el cambio del ambiente laboral.

》 Deje que el teléfono suene unas cuantas veces antes de contestar. Atravesar el cuarto a la carrera para contestar el teléfono al primer timbre desencadena nuevamente el estrés.

Tenga una mascota

Bien sean perros, gatos, pájaros, peces, conejillos o hámsters, las mascotas desempeñan un papel vital en el alivio del estrés. Un estudio del Centro Médico de Johns Hopkins encontró que de 53 personas, las 50 que tenían mascotas continuaban con vida un año después de su primer infarto, mientras que sólo 17 de las 39 que no tenían mascotas habían sobrevivido ese tiempo. Un estudio que duró 12 meses realizado por la Universidad de California, en Los Angeles, entre afiliados al sistema de salud Medicare, mostraba que la tercera parte de quienes tenían mascotas acudían al médico menos veces que quienes no tenían mascotas.

¿A qué se deben estos buenos indicios? Los médicos sugieren que la gente desarrolla vínculos emocionales con sus mascotas, y esos vínculos ayudan a mantener lejos la soledad y el estrés. Y las mascotas nos dan algo diferente en qué pensar cuando sentimos estrés.

► *Prepárese para los cambios y minimice la incertidumbre*

Las investigaciones han demostrado que si una persona sabe cuán malo puede ser un suceso experimentará una respuesta al estrés menor que alguien que sabe solamente que debe esperar algo malo de ese suceso. Más aún, el simple desconocimiento de lo que va a acontecer es suficiente para causar estrés. En *Why Zebras Don't Get Ulcers*, Sapolsky hace el recuento de un estudio en el cual una rata enjaulada recibía la comida por un dispensador a intervalos regulares. Cambiarle el patrón conocido de entregas de la comida —dándole la misma cantidad pero a diferentes horas— elevaba el nivel de estrés de la rata, a pesar del hecho de que el animal no sufría ningún otro tipo de estrés. Así que averigüe todo lo que pueda sobre la situación estresante que está enfrentando o está a punto de encarar. Y luego prevea cómo reaccionará al suceso con potencial estresante cuando éste ocurra. Actúe su respuesta con un amigo, o hable solo frente al espejo. Así, cuando la situación estresante surja, usted podrá poner en funcionamiento el piloto automático de reducción del estrés. Los estudios muestran que cuando un factor estresante conocido se repite, inicia una respuesta más leve.

Otra manera de minimizar la incertidumbre es evitar cambios voluntarios en épocas de estrés. Haga solamente los cambios que tiene que hacer, y postergue lo que puede dilatar —como pasarse a una casa nueva— hasta que haya conseguido controlar su nivel de estrés. El cambio puede ser saludable, pero puede reservar sorpresas. Recuerde que el estrés es acumulativo y que incluso el estrés bueno se suma al total.

➤ *Tome vacaciones*

El verdadero sentido de una vacación se deriva de la palabra *vacante*: un tiempo que está vacío o sin programar. Es un tiempo ideal para poner en perspectiva el día a día de su vida y para apartar temporalmente la carga de estrés. Los expertos en estrés dicen que es importante cambiar totalmente de escenario en las vacaciones. Los trabajadores que utilizan las vacaciones para trabajar en casa no se están renovando tanto como lo harían si durante ese mismo tiempo estuvieran lejos de casa.

Las estadísticas muestran que un alarmante número de

trabajadores no suelen tomar unas buenas vacaciones con regularidad. En una encuesta a 11.000 personas, los editores de *Prevention* encontraron que 1 de cada 4 no tomaba vacaciones. Aquellos participantes en el estudio que tenían bajo nivel de estrés reportaban un promedio de 2.2 semanas de vacaciones al año, mientras que quienes tenían un nivel alto de estrés tomaban sólo 1.4 semanas al año. "Mucha gente está trabajando 24 horas al día, siete días a la semana, incluso cuando técnicamente no está en el trabajo", decía el doctor Mark Moskowitz, del Centro Médico de la Universidad de Boston. El doctor Moskowitz califica el fenómeno como la "fórmula del agotamiento".

➤ *Adopte un pasatiempo*

Los pasatiempos han sido definidos como trabajos pesados que uno no haría para ganarse la vida. Si uno tiene una afición que de verdad le gusta, tiende a estar tan inmerso en la actividad que no se da cuenta del paso del tiempo. Olvidará el estrés y alcanzará un nivel de total relajación. Si usted carece de aficiones, piense en una actividad de recreación que sea un reto para su mente. Es más, trate de escoger algo que no le sume frustación a su estrés. Por ejemplo, si usted es poco atlético, probablemente el golf o el tenis no sean la afición más indicada para usted.

Las aficiones también ayudan a equilibrar nuestra vida y a darle diversidad. Échele un vistazo a su vida profesional y escoja algo muy diferente. Por ejemplo, si su trabajo trata en gran medida con intangibles, elija una afición tangible que le permita ver resultados, como la cerámica, la pintura o el trabajo en madera. Si trabaja constantemente bajo la presión de hacer entregas con tiempo limitado, escoja una actividad sin límites de tiempo: patinar, caminatas al aire libre, o armar modelos en miniatura. Si trabaja solo, trate de unirse a un club o de aprender un deporte de equipo.

Administración del tiempo

La mayoría de la gente piensa en el estrés en términos de "tanto por hacer y tan poco tiempo". Si siente que siempre está un paso atrás, pruebe estas estrategias para organizarse y lograr hacer todo lo que tiene que hacer.

▶ *Defina los límites y aprenda a decir no*

Los límites, dice la psicoterapeuta Lynn Weiss, determinan la manera como uno toma control de su tiempo y de su espacio para ponerse en contacto con sus emociones. Los límites expresan el alcance de su responsabilidad y poder y les indican a los demás lo que usted está dispuesto a hacer o a aceptar. Sin límites es difícil decir no, lo cual es sencillamente una invitación al estrés cuando uno está involucrado en más cosas de las que resultan manejables.

Si después de definir sus límites todavía tiene dificultades para decir que no, pruebe esta estrategia de cuatro pasos:

- **Espere.** Resista a la tentación de contestar enseguida; diga en cambio, "Tendré que contestarle mañana".
- **Sopese la petición contra sus valores y metas.** ¿Qué tan importante es esto en el contexto de su vida? ¿Es más importante la petición que las tareas que usted ya tiene y que se relacionan con sus metas?
- **Decida.**
- **Responda.** Si usted tiene la tendencia a quedarse sin saber qué decir, escriba primero la respuesta. Si dice que no, esté dispuesto a explicar cómo llegó a esa decisión utilizando su meta y sistema de valores —"En este momento tengo otras prioridades que ocupan todo mi tiempo y no podría prestarle una atención adecuada a lo que me pide". Esto también le indica a la otra persona que usted no está obrando de manera arbitraria.

Póngase metas de corto plazo y establezca prioridades

¿Cuántas veces ha oído a alguien refunfuñar, "es que no sé ni por donde empezar"? Un proyecto de gran alcance, bien sea pintar la casa o preparar el informe anual para su compañía, puede ser abrumador y es posible que sea difícil de iniciar o adelantar. Si esto sucede, organice las tareas por partes, quizás incluso estableciendo un tiempo para completar cada una de ellas. Enfrentar de esta forma las tareas ofrece cierta perspectiva sobre el total y le proporciona a cada paso un sentido de logro.

Cuando las metas estén claras, establezca prioridades. Esto significa escoger específicamente cómo invertir el tiempo para lograr mejor los objetivos. El experto en administración del tiempo Edwin C. Bliss define en *Getting Things Done* (Haga todo lo que tiene que hacer) estas cuatro categorías:

- Importante y urgente (alto impacto sobre los objetivos y tiene que hacerse de inmediato).
- Importante pero no urgente (alto impacto sobre los objetivos pero puede ser postergado).
- Urgente pero no importante (poco o ningún impacto sobre los objetivos pero fuerte presión para hacerlo ya).
- Tareitas (ni urgentes ni importantes pero le permiten a uno sentir que ha hecho algo —generalmente se hacen cuando uno está tratando de evitar otros trabajos).
- Tiempo perdido (actividades que no tienen ningún objetivo).

Otra manera de establecer la prioridad de una tarea, dice Bliss, es formularse las siguientes preguntas: "¿Puedo ahorrar tiempo sin sacrificar los resultados si hago esta actividad menos a menudo? ¿Si cambio la calidad del resultado de la actividad o el método que utilizo para lograrlo? ¿Si no lo hago?"

Establecer prioridades es más fácil si uno tiene en mente sus valores. De hecho, muchos expertos en estrés sugieren que uno inicie su lucha contra el estrés definiendo los valores que más le importan. Empiece escribiendo una lista simple de las cualidades que considera importantes: sentido de aventura, prosperidad, seguridad, un trabajo significativo, servirles o ayudarles a los demás y la amistad, por ejemplo. Luego piense en cada uno de estos valores en el contexto de su vida. En su libro *From Stress to Strength*, el cardiólogo e investigador sobre estrés Robert S. Eliot sugiere hacer una lista de los 10 adjetivos que describen cómo uno quisiera que los demás lo percibieran. Luego haga una lista de 10 adjetivos que un amigo utilizaría para describirlo, y de 10 utilizaría que un enemigo. Al comparar las tres listas usted podrá darse cuenta de si sus valores deben ser afinados o si hay adjetivos en la lista que preferiría que no estuvieran. Tal evaluación le servirá para mantenerse en la ruta cuando el estrés golpee y para tomar decisiones difíciles cuando haya demasiadas cosas que estén compitiendo por su atención.

➤ *Aprenda a delegar*

Entregarles la responsabilidad a otros significa reconocer que usted no puede hacerlo todo solo. Quienes no aprenden a delegar se sobrecargan de tareas, lo cual les genera estrés, los hace menos productivos y los aísla, todo debido a sus expectativas demasiado altas. En su libro *Performance Edge,* Cooper sugiere que en lugar de preguntarse a usted mismo, "¿Quién es el más indicado para solucionar esto o para asumir la responsabilidad?" —a lo cual usted seguramente contestaría "yo"— se pregunte, "¿Quién debería manejar esto?" A esta pregunta usted seguramente contestaría, "Yo no".

Cuando usted decida encargarle a otra persona la tarea, asegúrese de que ambas partes entiendan cuál es el objetivo y cuáles son los límites de tiempo involucrados. Establezca puntos de verificación en el camino para ayudar a reducir el estrés, especialmente si usted es un delegador novato.

▶ *Controle sus finanzas*

Una encuesta realizada a 11.000 adultos por la revista *Prevention* mostraba que la fuente número uno de estrés era la preocupación por las finanzas personales. Las investigaciones también muestran que la gente que trata de mantener un estilo de vida que no se puede costear tiene mayores probabilidades de padecer problemas de salud. He aquí algunos consejos del libro *Falling Apart* (Desintegrándose) del doctor Michael Epstein y Sue Hosking, que pueden ayudarle a reducir el estrés en esa área:

- ▶ Anote sus metas financieras y su estrategia para lograrlas.
- ▶ Mantenga todas las cuentas y recibos en un lugar. Destine un tiempo cada semana para pagar cuentas importantes. Si está atrasado en sus cuentas, pruebe a trabajar en eso durante 10 minutos cada día hasta que se ponga al día.

» Busque a su familia y amigos. Pídales ayuda para organizar sus cuentas o consejo sobre cómo pagarlas. Hable con ellos antes de hacer una compra grande.

» Haga listas de compras. Vaya a hacer mercado cuando no tenga hambre y compre ropa sólo cuando la necesite, y cíñase a su presupuesto. No vaya de compras cuando esté deprimido.

» Hágale mantenimiento preventivo a su casa y automóvil.

» Busque la ayuda de un asesor financiero.

» Si se está saltando pagos de su deuda pero está trabajando con un asesor, mantenga a sus bancos y a otros acreedores informados de su situación.

Desarrolle y refuerce sus habilidades para manejar el tiempo

En palabras de un experto en estrés, la administración del tiempo no se trata de cómo hacer más cosas en un día. Se trata de cómo administrar el tiempo que se tiene de una manera más provechosa para alcanzar las metas personales.

» **Sea analítico**. Hágase estas preguntas: "¿Acaso estoy tratando de estar disponible para todos a todas horas?" (La gente que "queda bien" rara vez trabaja en sus propias metas puesto que deja que su tiempo sea controlado por las metas de los demás.) "¿Acaso las "tareítas" —tareas menores que no son ni importantes ni urgentes— me proporcionan una sensación de logro?" (Si contestó que sí, analice por qué está tratando de eludir ciertas tareas estresantes y cómo puede hacerlas más amenas.)

» **Hágase una prueba sorpresa.** Cuando se sienta bajo estrés, anote lo que está haciendo en ese momento. Tenga presente lo que debería estar haciendo, si no lo está haciendo. Anote las actividades que no contribuyeron a sus metas (y la cantidad de tiempo que invirtió en cada una). Anote las actividades que hizo o que está haciendo y que podría eliminar o disminuir. Entonces pregúntese, "¿Existe una mejor manera de agrupar u organizar algunas de las actividades que hice hoy?" Si usted analiza el resultado de su prueba, debería poder identificar algunos aspectos significativos donde hay campo para mejorar. La percepción que tiene la gente de la manera como invierte el tiempo es generalmente muy diferente de la realidad.

» **Sea consciente de la energía.** En la edición de julio y agosto de 1992 de *Executive Female* (La mujer ejecutiva) la escritora Melissa Wah aconseja observar el ciclo de energía personal. Reserve las tareas menos exigentes, como abrir la correspondencia, vaciar la basura y otras tareas rutinarias de la oficina o el hogar, para cuando sus facultades mentales no estén en el punto más alto. La química funciona de manera diferente en cada persona, así que confeccione su plan para las horas de menor rendimiento a su medida. Si en la mañana usted está alerta y listo para arrancar, ése es el momento, para hacer el trabajo más exigente del día si quiere optimizar su tiempo.

》 **Dése un margen de error en sus cálculos.** Establezca el tiempo que usted cree que le tomará realizar una tarea, y luego auméntele un 10 por ciento.

➤ *No postergue*

La postergación disminuye la productividad, lo cual no sólo agrava el estrés sino que ocasiona efectos secundarios como la culpa, la ira y la disminución de la autoestima. Según un estudio reciente de la Universidad de DePaul, aproximadamente un 20 por ciento de los adultos estadounidenses posterga lo suficiente como para sufrir consecuencias personales y/o profesionales. Ese porcentaje amenaza con crecer, según el psicólogo en asuntos de negocios Harry Levinson, porque cuanto más empeora el estrés, mayor es la tendencia a postergar.

Postergamos las tareas por una variedad de razones: temor al éxito (o al fracaso), temor a separarnos de un proyecto cuando esté terminado, temor a la crítica, temor a la autoridad. Puede que la tarea en sí misma sea compleja o tediosa. Para ayudarse a entender por qué posterga las cosas, haga una lista de las situaciones en que lo hace y analícela. ¿Se limitan a un aspecto de su vida, o los abarcan todos? ¿Se trata de tareas que no tienen una retribución inmediata? ¿Hay consecuencias inmediatas que podrían ser difíciles de manejar? Cuando haya identificado los momentos en los que posterga las cosas, deshágase de la costumbre mediante el sistema de dividir la tarea en otras menores y asignarle a cada parte una prioridad y un tiempo límite.

➤ *Viva de listas*

Tener una lista diaria de lo que espera lograr le ayudará a volverse más realista sobre su horario y a tener presentes las tareas que no quiere que se le olviden. Incluir una determinada tarea en la lista también alivia el estrés pues libera su mente de ese pensamiento, lo cual le ayuda a disminuir la sobrecarga mental, una condición común en la gente bajo estrés. A las personas a quienes se les dificulta dormir se les aconseja con frecuencia preparar listas de asuntos pendientes del día siguiente justo antes de acostarse, porque hacer listas ayuda a reducir la tensión de una mente atiborrada.

Finalmente, tachar cada tarea cuando la termina le permite tomar nota de los logros del día y restaurar un sentido de control y autoestima, ambos liberadores de estrés.

➤ *No conteste el teléfono*

El teléfono —uno de los invasores más estresantes de nuestra sociedad— interrumpe nuestro tiempo privado o irrumpe en mitad de una tarea y, si lo permitimos, erosiona nuestro sentido de control. El truco es dominar el teléfono antes de que lo domine a usted. He aquí cómo: Bien sea que usted esté en la oficina o en casa, escoja cada día un tiempo que esté destinado a hacer y contestar llamadas telefónicas y divúlguelo entre quienes probablemente lo llamarían. A excepción de ese tiempo asignado, remita sus llamadas a la secretaria, a un compañero de oficina, a una máquina contestadora o a un sistema de buzón telefónico. Pídale a su secretaria que explique que en el momento está ocupado pero que retornará la llamada en un tiempo específico, o programe su máquina con ese mensaje, y asegúrese de hacerlo —si no devuelve las llamadas o se demora en hacerlo sólo logrará aumentar la molestia de la postergación hasta que haya hecho el deber.

Tome control de sus llamadas. Antes de marcar, anote los puntos que quiere cubrir. Decida cuánto tiempo necesita estar en el teléfono y anúncielo desde el comienzo. ("Tengo solamente 10 minutos antes de mi próximo compromiso".) Mantenga un cronómetro cerca de su teléfono. Cuando se termine el tiempo asignado, sea cortés, breve y firme. ("Tengo que despedirme ya. Fue un gusto hablar con usted".) Un psiquiatra que aconseja a personas que han sufrido un colapso por estrés, les dice a sus pacientes que se armen de una letanía de tácticas de escape en caso de que sea difícil cortar una llamada. ("Debo irme a toda prisa, alguien toca a la puerta" o "Mi jefe me acaba de pedir que vaya a su oficina".)

➤ *Conviértase en un organizador experto*

El desorden probablemente desperdicia más tiempo y genera más estrés que cualquier otra característica. Pero la habilidad de organizar puede aprenderse. Empiece pensando qué quiere lograr en cierto período de tiempo y determine cómo hacer las tareas de la manera más eficiente. Establezca tiempos y frecuencias específicas para sus actividades y cíñase a éstos. Por ejemplo, decida hacer vueltas en la droguería y el supermercado solamente los jueves. Asegúrese de no estar haciendo cosas por la fuerza del hábito. Pregúntese por qué razón está haciendo una determinada actividad o siguiendo una rutina particular. Sopese si hacerla de manera diferente —o dejar de hacerla— le ahorraría tiempo y estrés.

Si el flujo de papeles en casa o en el trabajo es abrumador, pruebe a retirar su nombre de algunas listas de correo y nunca revise el mismo papel en más de una ocasión. Cuando esté revisando su correspondencia y los documentos de trabajo, separe los que le interesan de los que no, haga lo que tiene que hacer con los primeros, y tire los segundos de una buena vez. Mantenga todas sus cuentas en un lugar y separe un tiempo cada semana para reunirlas y pagarlas. Si su oficina, sótano o guardarropas están en tal caos que no puede ni empezar, considere la posibilidad de contratar a un experto en organización o a un servicio de aseo para que le haga una visita de un día.

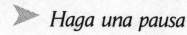

Haga una pausa

Busque distracciones y pausas creativas para romper el estrés. ¿Es usted una madre en casa con un bebé? Reúnase con otras madres a quienes también les gustaría tener un día libre, y organicen un programa de rotación de deberes que les permita turnarse para cuidar a los niños. Si usted está encargado de cuidar a una persona mayor o a un ser amado que padece de alguna enfermedad crónica, intente buscar un día libre. También trate de sacar partido del tiempo que está obligado a estar en una fila, esperando en un consultorio, o detenido en el tránsito. Póngase al día en lecturas de placer o de negocios, haga una lista, ensaye estrategias de relajación, o simplemente organice sus ideas.

Tenga en cuenta lo inesperado

Muchos de los sucesos de la vida están fuera de nuestro control. Si usted permite que el estrés estire al máximo sus recursos interiores, se puede quedar sin la resistencia que necesita para acomodarse a los giros inesperados del destino. Si se ha gastado sus ahorros hasta el último centavo, sentirá estrés cuando su auto necesite repuestos. Si tiene una cita vital a las 2 p.m. salir con el tiempo preciso, sin hacer concesiones al tránsito o a otras demoras, también contribuye fuertemente al estrés. (Los expertos recomiendan como una de las técnicas más sencillas para manejar lo manejable, tener siempre lleno o casi lleno el tanque de gasolina del auto).

Dieta y nutrición

Lo crea o no, lo que usted come puede promover o aliviar el estrés y ayudar o entorpecer la manera como el cuerpo maneja la respuesta física al estrés. Para mantenerse saludable y resistente al estrés, pruebe estos consejos.

▶ *Destine un tiempo especial para las comidas*

Si usted hace de las comidas un oasis frente al estrés, puede mejorar su salud y bienestar generales. El estrés pone a prueba el sistema digestivo pues fomenta la sobreproducción de ácidos necesarios para el proceso digestivo. El estrés también puede interferir con la absorción de los nutrientes y causar dolores estomacales, lo cual sucede cuando el sistema digestivo sufre un espasmo.

Desayune sentado frente a su ventana favorita o, cuando el tiempo sea caluroso, en un patio exterior donde pueda oír sonidos naturales. A la hora del almuerzo, escoja un ambiente diferente de aquél en el cual transcurre su día lleno de estrés. Infórmeles a los demás que sus horas de comer van a estar libres de conversaciones que causen tensión y de ambientes frenéticos. Evite hacer negocios en todas las comidas. De vez en cuando una cena de trabajo con socios de negocios no hace daño, pero si se convierte en dieta diaria también aumenta el nivel de estrés, inhibe su proceso digestivo y exacerba la respuesta crónica al estrés de su organismo.

Hágase también el propósito de comer a intervalos regulares, especialmente cuando esté tratando de combatir el estrés. Cuando usted se salta comidas, no tolera el estrés tan bien porque está falto de energía y le cuesta trabajo concentrarse. El estrés y la falta de comidas regulares también pueden desencadenar la hipoglucemia, un trastorno en el cual los niveles de azúcar en la sangre son demasiado bajos. Se caracteriza por un aumento en el ritmo cardíaco, la sensación de mareo, temblores y un estado de ánimo irritable o ansioso. *Alternative Medicine* (Medicina alternativa) señala que muchas personas que sufren de hipoglucemia también pueden tener una predisposición genética a este mal.

Usted puede tratar la hipoglucemia ingiriendo comidas balanceadas que evitan los carbohidratos refinados (como el pan blanco y el azúcar), y regresando luego a su horario habitual de comidas. El doctor Harvey Ross, psiquiatra de Los Angeles, recomienda una dieta alta en proteínas, baja en carbohidratos, repartida en cinco comidas más pequeñas en lugar de las tres comidas más grandes. Los pasabocas deben ser altos en proteínas. También les ordena a sus pacientes que tomen suplementos vitamínicos.

UN CURSO RÁPIDO EN NUTRICIÓN

Una buena nutrición le presta apoyo a la reproducción de las células y a los tejidos, mantiene la fuerza del sistema muscular y óseo, y le proporciona al organismo el combustible que necesita tanto para soportar el estrés como para mantener el sistema inmune a toda marcha. Entender los aspectos básicos de la nutrición es parte primordial de la reducción del estrés y de la buena salud.

El Departamento Estadounidense de Agricultura hace énfasis en una dieta rica en granos y en carbohidratos complejos, verduras frescas y frutas. El porcentaje más alto del alimento diario debería consistir en panes integrales, cereales, arroz y pasta (6 a 11 porciones), seguido de verduras (3 a 5), frutas (2 a 4), luego leche, yogur y queso (2 a 3). Las grasas, incluyendo las carnes (otrora la pieza central de nuestra mesa), aceites y dulces deben ser consumidos en muy pocas cantidades.

Las tres clases de compuestos orgánicos que conforman nuestras comidas son carbohidratos, grasas y proteínas. Los carbohidratos nos proporcionan la energía y el transporte esencial para llevar las vitaminas y otros nutrientes hacia diversas partes del cuerpo. Vienen en dos formas básicas: *simples* (glucosa, fructosa o galactosa, en frutas, azúcares, miel y leche) y *complejos* (almidones y fibra, en granos, papas, pasta, verduras y leguminosas). La fibra, que puede ser soluble o insoluble, es especialmente importante en épocas de estrés. Se cree que la fibra insoluble desempeña una labor de limpieza porque arrastra de las paredes del sistema digestivo los carcinógenos, agentes causantes de cáncer que probablemente se acumulan en tiempos de estrés. Los estudios demuestran que en los países donde es más alto el consumo de alimentos con gran contenido de fibra insoluble hay menos incidencia de cáncer de colon y recto, y la tasa de mortalidad a consecuencia de éstos es menor. La fibra soluble hace que la digestión sea más lenta, mejorando y regulando la absorción de nutrientes hacia el torrente sanguíneo, lo cual ayuda a prevenir las caídas o aumentos repentinos del azúcar en la sangre.

Las grasas son de origen animal o vegetal. En condiciones normales y mediante el sistema de metabolismo, el cuerpo convierte las grasas en glucosa, la cual es almacenada hasta que se necesite la energía. Cuando el cuerpo está bajo estrés, el metabolismo cambia para asegurarse de que haya energía disponible para el "ataque". Hay una descarga de glucosa al torrente sanguíneo y se producen más cortisol y catecolaminas (químicos del cerebro que estimulan el apetito por las grasas y los azúcares simples, fuentes de energía instantánea). El cortisol hace que el cuerpo retenga líquidos con el objeto de prepararse para una escasez de agua cuando haya una emergencia por estrés y estimula el deseo de ingerir sal.

Las proteínas proporcionan fuerza y energía de larga duración y regulan y mantienen el crecimiento del cuerpo. También llevan a cabo la importante función de aportarle aminoácidos al cuerpo. Éstos son sustancias naturales que el organismo necesita para formar los químicos del cuerpo y del cerebro como la serotonina (el neurotransmisor que induce el sueño y cuya producción es iniciada por el aminoácido triptófeno) y norepinefrina (la hormona del estrés, que se produce cuando consumimos una proteína que contiene el aminoácido tirosina). La mayoría de las proteínas provienen de fuentes animales, que son de alto contenido graso.

Evite los azúcares y las grasas

Cuando se está bajo estrés, comer bien es crucial. Infortunadamente, lo más seguro es que ése será el momento en que menos deseos tendrá de comer bien y se sentirá instintivamente atraído hacia las comidas que lo consuelan: un batido de leche, un emparedado de queso derretido, una malteada de chocolate, un molde de carne con salsa. Cuando esté bajo estrés, manténgase alejado de las llamadas "porquerías", comidas altas en azúcares simples, tales como bebidas gaseosas o pasteles de crema. Los azúcares simples estimulan la liberación de epinefrina e intensifican la reacción al estrés pues actúan como sedantes en un momento en que usted probablemente necesitará estar alerta.

Las grasas también pueden ser culpables de robarle energía que tal vez necesite en momentos de estrés. Como tardan más tiempo en digerirse que otros tipos de alimentos, disminuyen el flujo de sangre al cerebro y a los músculos pues es enviada al aparato digestivo, lo cual puede contribuir a que usted se sienta aletargado y menos alerta. Las grasas también pueden contribuir a la enfermedad coronaria y a la obesidad, y pueden complicar los efectos negativos que quizás el estrés ya esté ocasionando en el sistema cardiovascular.

Si usted siente que es una necesidad absoluta darse gusto en lo que come para sobrellevar una crisis, hágalo una sola vez y regrese de inmediato a su dieta nutritiva.

➤ Utilice a su favor los alimentos que reducen el estrés

El estrés no se puede eliminar con el simple hecho de cambiar de dieta, pero es posible reducirlo en gran medida si uno sabe qué alimentos tienen influencia sobre el estado de ánimo.

En *Performance Edge,* Cooper sugiere que si usted está bajo estrés y necesita una pausa, trate de lograr un efecto tranquilizante consumiendo alimentos bajos en grasa y proteína y altos en carbohidratos complejos. Estos alimentos incluyen granos enteros cocidos (trigo, avena, o cebada) con fruta y algo que endulce, pero sin leche; ensalada de pasta baja en grasa con frutas o verduras, o un pan de varios granos y bajo en grasa (que puede incluir variedades como el pan árabe, el pan en roscas o molletes), acompañados de su conserva de frutas preferida.

En *Alimentos, medicina milagrosa* la especialista en temas de alimentación Jean Carper sugiere alimentos tranquilizantes que contengan el microelemento selenio (como la comida de mar y las uvas), o el sedante suave quercetina (como en las cebollas), al igual que alimentos que actúan sobre las neuronas del cerebro como sedantes, tales como el jengibre, el azúcar y la miel.

Los alimentos que estimulan la producción de serotonina (los alimentos altos en ácido fólico, como las leguminosas y las verduras de hoja) también tienen un efecto tranquilizante. La lista de Carper también incluye el anís, las semillas de apio, los clavos de olor, el comino, el hinojo, el ajo, la cáscara de limón o naranja, la mejorana, el perejil, la salvia, la menta verde y varios tés sin cafeína.

Sin embargo, si lo que se persigue es concentrar la energía para tenerla a disposición en un día de estrés, busque alimentos que promuevan el estado de alerta. En el libro de Carper, la neuroendocrinóloga Judith Wurtman, del Massachussetts Institute of Technology, recomienda consumir pasabocas o comidas bajas en carbohidratos y altas en proteínas, asegurándose de empezar por la proteína. Componer la comida con un porcentaje de 5 o 10 por ciento de proteína contrarresta los efectos sedantes de los carbohidratos y ayuda a prevenir una acumulación de serotonina, lo cual haría que la mente trabajara más lentamente. Estos alimentos bajos en carbohidratos y altos en proteínas incluyen la salsa de carne o queso sobre pasta, un pastel de atún, comida de mar baja en grasa (camarones simples o atún en agua), pechuga de pavo, leche descremada, o yogur bajo en grasa. No olvide las frutas y las nueces: éstas contienen niveles altos del microelemento boro, que afecta la actividad eléctrica en el cerebro, dice Carper. Usted necesita solamente una o dos onzas de un pasabocas de esta clase para producir el efecto de sentirse más alerta.

PARA CONTROLAR EL NIVEL DE ENERGÍA

Alimentarse de manera equilibrada puede ayudar a fortalecer la resistencia al estrés. Pero ¿sabía usted que, dependiendo de *cuándo* ingiere los alimentos, también puede aumentar o disminuir su capacidad de manejar el estrés? Para sacar el mayor provecho de sus comidas y maximizar su resistencia al estrés, pruebe las siguientes combinaciones.

» **Desayuno.** El doctor Richard Podell, profesor clínico de la Escuela Médica Robert Wood Johnson, recomienda ingerir "carbohidratos compactos" como la avena gruesa (no instantánea) o cereales con salvado de trigo para ayudar a mantener niveles adecuados de azúcar en la sangre. Estos carbohidratos de estructura densa no se asimilan en el organismo tan rápidamente como otros panes blandos y los cereales en hojuelas, los cuales le proporcionan un impulso instantáneo al nivel de azúcar en la sangre, y luego hacen que el nivel de energía decaiga del todo en unas dos o cuatro horas, dice Podell. Incluya también una proteína (leche, huevo y yogur) y un jugo de fruta cítrica o fruta entera. Pero no incluya la piña, la sandía ni las uvas pasas puesto que éstas son todas altas en azúcar.

》 **Almuerzo.** Para mantener el nivel de energía a lo largo del mediodía, pruebe almorzar con proteína. La neuroendocrinóloga Judith Wurtman, del Massachussetts Institute of Technology, explica que las proteínas son buenas para mantener la tirosina, un aminoácido que estimula en el sistema la resistencia al estrés. Manténgase alejado de los carbohidratos complejos, como la ensalada de pasta, a la hora del almuerzo, a menos que consuma al mismo tiempo una proteína. Como dijimos anteriormente, los carbohidratos pueden hacerlo sentir tranquilo, apagado y adormilado. Mientras que es posible que proporcionen un efecto calmante cuando se está bajo estrés y listo a tomarse un descanso, pueden agravar el estrés al mediodía, cuando usted está tratando de mantener alto el nivel de energía.

》 **Cena.** Si bien es cierto que ingerir a la hora del almuerzo carbohidratos complejos sin ninguna proteína puede ir en contravía de un estado de alerta, es posible que la hora de la cena sea la indicada para incluir en el menú estos relajantes naturales. Wurtman anota que sólo una onza y media de papa, arroz, pasta, pan, palomas de maíz hechas sin grasa, o una galleta baja en calorías promueven la liberación de serotonina y resultan calmantes al final del día.

▶ **Antes de acostarse.** Tal vez recuerde que el aminoácido tirosina estimula la liberación de epinefrina y dopamina, hormonas del estrés que pueden ponerlo más alerta. Si bien es posible que quiera ingerir alimentos ricos en tirosina durante el día porque se siente bajo estrés o necesita estar mentalmente lleno de energía, no debe cometer el error de ingerirlos cerca de la hora de irse a dormir, cuando pueden interferir con un buen sueño nocturno. Las comidas ricas en tirosina incluyen los quesos maduros (el azul, el stilton, el parmesano), los quesos blandos (la mozzarella, el suizo y el feta), el vino tinto, el yogur, la crema agria, las carnes curadas o procesadas y el pescado, los productos que contienen levadura, la berenjena, las papas, la espinaca y los tomates.

➤ Evite los alimentos que inducen problemas relacionados con el estrés

Cuando esté bajo estrés, consienta su organismo y evite los alimentos que no le caen bien. El estrés hace que el sistema digestivo funcione de manera errática y más de la cuenta, aumentando los niveles de ácido gástrico en el estómago. De manera que si padece por ejemplo de colitis, síndrome de colon irritable, o de hernia hiatal, manténgase alejado de alimentos excesivamente condimentados o grasosos.

El estrés también intensifica las reacciones alérgicas, como la urticaria y las dificultades respiratorias, así que trate de evitar los alimentos y sustancias que sabe que le inducen estas reacciones. Y puesto que el estrés también puede agravar los problemas de migraña, las personas susceptibles deben evitar los alimentos que contienen el aminoácido tirosina —quesos maduros, vino tinto, y carnes curadas, entre otros. Quienes padecen de hipoglucemia deben tener especial cuidado de evitar comidas con mucho azúcar, y quienes sufren de intolerancia a la lactosa harían bien en dejar de consumir en épocas de estrés leche y alimentos que contienen suero.

Evite también la cafeína. La cafeína, el "estimulante natural" que se encuentra en el café, en muchos tés y en bebidas gaseosas, al igual que en el chocolate y otros alimentos, actúa en el organismo como una inyección de epinefrina, aumentando el ritmo cardíaco, la presión sanguínea y los niveles de oxígeno en el corazón.

Algunos estudios de la Universidad de Duke encontraron mayor cantidad de hormonas relacionadas con el estrés en los organismos de los bebedores de café que en quienes ingirieron un placebo (una sustancia inactiva).

▶ Esté atento a las compulsiones inducidas por el estrés

Las situaciones altamente estresantes con frecuencia dan pie a reaccionar con hábitos o compulsiones destructivas. Cuando están bajo estrés, algunas personas comen más, toman más, fuman —o fuman más— toman el doble de cafeína, salen a hacer compras compulsivamente o se dedican a tener relaciones sexuales de manera compulsiva. Ceder a estos impulsos con frecuencia los tranquiliza y les ayuda a sobrellevar las épocas de estrés. Sin embargo, con demasiada frecuencia al final la culpabilidad sobre el comportamiento desmedido viene a sumarse al estrés de la situación original, agravándolo en lugar de eliminarlo.

Por lo general, comer en exceso y hacerlo de manera compulsiva, es un comportamiento que afecta a quienes no han aprendido a manejar el estrés o a expresar verbalmente la ansiedad y la tensión. Si comer en exceso (o cualquier comportamiento compulsivo) es su patrón cuando está bajo estrés, es posible que necesite participar en un grupo de apoyo o buscar consejo profesional que le ayude a cambiar ese comportamiento. (En el capítulo 3 se hablará más sobre terapias.) Si no se considera un adicto a la comida pero tiende a comer permanentemente cuando el estrés se agrava, adelántese a los momentos de estrés llenando su nevera de alimentos saludables bajos en calorías: palitos de zanahoria y apio, manzanas, bizcochos de arroz de diversos sabores, yogur bajo en grasa, agua mineral (ojo con las aguas con sabor, las cuales con frecuencia contienen dulce) y tés de hierbas.

Aquellas personas propensas a tener impulsos destructivos en épocas de estrés deben estar atentas a evitar estos comportamientos, al igual que las situaciones de estrés que propician la reacción compulsiva. A los participantes en programas de recuperación como el de Alcohólicos Anónimos, se les enseña que son más vulnerables a los impulsos destructivos cuando tienen hambre, están enojados, se sienten solos o están cansados.

Terapia con vitaminas, minerales y hierbas

Utilice estos ingredientes naturales en su dieta para prepararse para enfrentar el estrés.

Reemplace las vitaminas y minerales que consume el estrés

Los síntomas de carencia vitamínica pueden incluir la depresión, la ansiedad, problemas gástricos e insomnio que, desde luego, son también síntomas de estrés excesivo.

El doctor James F. Balch, autor de *Prescription for Nutritional Healing* (Fórmula para curarse a través de la nutrición), sugiere asegurarse de que la multivitamina diaria que usted toma tenga los siguientes componentes y cantidades si está bajo estrés. Es buena idea consultar con su médico antes de iniciar cualquier terapia de vitaminas, minerales o hierbas. Tenga presente que en muchos casos estas recomendaciones son más altas que el requerimiento *mínimo* diario, y que ingerir megadosis —dosis muy por encima de los totales que se sugieren aquí— puede ser peligroso para la salud.

» **Vitamina A:** 15.000 (10.000 para mujeres en embarazo) unidades internacionales al día. Esta vitamina ayuda al funcionamiento de la glándula suprarrenal y promueve el crecimiento sano de las células epiteliales, incluyendo las que cubren los vasos sanguíneos. *Fuentes:* aceite de hígado de bacalao, carne, hígado, ostras, mantequilla, leche entera y verduras anaranjadas y verdes de hoja, como la zanahoria, la espinaca, la lechuga y las batatas.

» **Complejo B:** 100 miligramos diarios. Estas vitaminas ayudan al funcionamiento del sistema nervioso, reducen la ansiedad y los daños al sistema inmune y mejoran la función cerebral. Dentro de la familia del complejo B, 100 miligramos de ácido pantoténico (B5) pueden ingerirse tres veces al día en épocas de estrés intenso. Incluya también 50 miligramos diarios de piridoxina (B6), la cual influye en los neurotransmisores y ayuda a convertir el triptófeno en serotonina. *Fuentes:* pollo, pescado, cerdo, huevos, arroz integral, frijoles de soya y avena.

» **Vitamina C:** 3.000 a 10.000 miligramos diarios. Es un antioxidante poderoso (una molécula que limpia el organismo de radicales libres causantes de cáncer), y mejora la capacidad del sistema inmune. También es necesaria para producir tejido conectivo, el cual ayuda a mantener la estructura de los tejidos, incluyendo los vasos sanguíneos. La vitamina C reduce algunas respuestas alérgicas y ayuda a contrarrestar el agotamiento de las hormonas de la glándula suprarrenal causado por el estrés. *Fuentes:* cítricos, bien sea la fruta o el jugo, el ají rojo, la guayaba, la fresa, el brócoli, las repollitas de bruselas, la papaya y el casís o grosella negra.

» **Vitamina E:** 400 unidades internacionales. La vitamina E es el más poderoso antioxidante y funciona con la vitamina C y el selenio para ayudar a fortalecer el sistema inmune, combatir la enfermedad coronaria, promover el sano funcionamiento del sistema nervioso y minimizar el daño que los radicales libres le hacen al sistema muscular. *Fuentes:* Aceite de avellana, aceite de germen de trigo, aceite de girasol, aceite de almendra, germen de trigo, mayonesa, cereales de grano entero, huevos y cereales fortificados.

» **Calcio:** 2.000 miligramos al día. El calcio relaja los músculos, forma huesos, reduce la irritación intestinal y baja la presión sanguínea. *Fuentes:* leche y sus derivados, salmón enlatado, sardinas con los huesos, fríjoles de soya y berzas.

》 **Magnesio:** 1.000 miligramos al día. El investigador en asuntos de estrés, Leon Chitow, anota que este elemento es vital para el condicionamiento de los nervios, para la contracción muscular y para la transmisión de los impulsos a lo largo del sistema nervioso. Ayuda a convertir el azúcar en energía y reacciona con el calcio para afectar ciertas funciones, como los latidos del corazón. La baja ingesta de magnesio se asocia con la presión alta y las enfermedades del corazón. *Fuentes:* granos enteros, nueces, aguacate, fríjoles y verduras de hoja verde oscura.

》 **Potasio:** El potasio es especialmente necesario en períodos de estrés porque promueve el funcionamiento de la glándula suprarrenal. También ayuda a la contracción muscular, la conducción nerviosa, la regulación del latido del corazón y la producción de energía. Actúa en conjunto con el sodio para regular el equilibrio de fluidos en el cuerpo y puede tener algún efecto en bajar la presión sanguínea. Aunque Balch no recomienda específicamente una cantidad, el Consejo Nacional de Investigación sugiere entre 1.600 y 2.000 miligramos diarios. *Fuentes:* las frutas, especialmente el banano, las verduras y sus jugos, la papa asada, especialmente la cáscara, ciruelas pasas, uvas pasas, mariscos, fríjoles y el ñame.

⟩ **Selenio:** 70 microgramos para los hombres, y para las mujeres, 55. El selenio es un micro elemento mineral con propiedades antioxidantes que ayudan a prevenir algunos tipos de cáncer y la enfermedad del corazón (previene la acumulación de grasa en las arterias y el daño a las paredes de los vasos sanguíneos). También fortalece el sistema inmune. *Fuentes:* el brócoli, el apio, el pepino cohombro, la cebolla, el ajo, los rábanos, la levadura, los granos, el pescado y las menudencias.

⟩ **Zinc:** 50 miligramos. Este elemento esencial incide en la producción de más de 200 enzimas. Ayuda a sanar heridas, promueve la salud de la piel, y mejora la función inmune. A veces se consigue como una pastilla de gluconato de zinc. *Fuentes:* Ostras, carne, cerdo, hígado de res, cordero, cangrejo y germen de trigo.

⟩ *Déles un impulso a sus vitaminas*

Los fitoquímicos, una clase de compuesto natural recientemente descubierto y que se encuentra en varias frutas y verduras pero no en los suplementos, les proporcionan una super potencia a las vitaminas que acompañan. "Fitos" de gran poder incluyen:

⟩ **Sulforafano.** Se encuentra en las verduras de la familia de las crucíferas (el brócoli, el repollo, las repollitas de bruselas). Ayuda a limitar los tumores.

❯ **Sulfuros de alilo.** Se encuentran en el ajo y la cebolla. Fortalecen el sistema inmune, combaten condiciones crónicas como el cáncer de estómago y, si se consumen regularmente, pueden ayudar a bajar la presión sanguínea.

❯ **Flavonoides** (o bioflavonoides). Se encuentran en las plantas verdes y en los cítricos en la parte que queda justo debajo de la cáscara, y en algunas bayas. Mejoran la absorción de vitamina C.

Conclusión: Si puede escoger entre tomar una píldora de ácido ascórbico (vitamina C) o comerse una naranja recién pelada, elija siempre la naranja. (Y asegúrese de consumir un poco de la parte blanca de la cáscara.)

❯ Ayúdese a combatir el estrés con hierbas y productos botánicos

Los tés de plantas que tienen propiedades tranquilizantes se han utilizado durante siglos para combatir el estrés. Algunas hierbas se destacan por sus propiedades tranquilizantes, calmantes y sedantes.

❯ **Manzanilla o camomila.** Sus flores secas en infusión tienen propiedades antinflamatorias, relajantes y antiespasmódicas que, según se dice, propician un estado de relajamiento, disminuyen los niveles de estrés y le sientan bien al estómago. Tenga cuidado con esta hierba si sufre de fiebre del heno o es alérgico a otras plantas, pues la manzanilla o camomila puede producir una reacción severa.

- **Valeriana.** Con el extracto de su raíz se prepara una infusión que para la mayoría de la gente es un tranquilizante, sedante y calmante natural que, si se toma de la manera adecuada, no deja sensación de embotamiento. La valeriana es un ingrediente activo de somníferos que se consiguen sin receta médica en los Estados Unidos y en Europa. La valeriana tiene dos problemas: la intensidad de la raíz varía entre las plantas, lo cual hace que los productos no tengan una concentración uniforme, y huele terriblemente mal. Para evitar el olor, pruebe a ingerir cápsulas de raíz deshidratada de valeriana, endulce el té con miel o póngale limón. Para el 5 por ciento de la población, la valeriana es un estimulante que aumenta la ansiedad, así que esté atento a los efectos colaterales.

- **Flor de granadilla.** Al igual que la manzanilla o camomila, el té se hace de flores pulverizadas. Se les recomienda a quienes se preocupan crónicamente y a los que tienen mentes que no descansan.

- **Calamento.** Sus flores y hojas secas actúan como sedantes cuando son ingeridas en infusión antes de dormir. Sus propiedades antiespasmódicas le sientan bien al estómago.

CÓMO UTILIZAR LAS HIERBAS CON SABIDURÍA

Aunque la mayoría de la gente utiliza las hierbas como suplementos, de todos modos deberían verse como medicamentos. Las hierbas y otros remedios naturales fueron las primeras drogas de la humanidad (la palabra droga viene del alemán *droge*, que significa "secar", lo cual alude al proceso de preparación de las hierbas y los productos botánicos).

La Administración de Alimentos y Medicamentos de los Estados Unidos no regula el uso de las hierbas, pero en los últimos años ha publicado una lista de hierbas que considera peligrosas. Investigue bien cualquier hierba que piense consumir y luego consulte con su médico antes de iniciar un régimen que las incluya. Las hierbas y los medicamentos recetados a veces actúan en conjunto. Igualmente, consumir megadosis puede ser peligroso. Y para algunos, en especial quienes sufren de alergias o enfermedades del corazón, algunas hierbas pueden ser fatales. Ciertas hierbas pueden también ocasionar abortos. Los especialistas en tratamientos con hierbas, al igual que sus contrapartes médicos, recomiendan identificar las causas profundas del estrés en lugar de apoyarse por tiempo prolongado en las terapias con hierbas, en busca de aliviar los síntomas del estrés.

La mayoría de las recetas de infusiones de hierbas piden dos cucharaditas de la raíz, hoja o flor pulverizada, la cual se deja remojar entre 10 y 15 minutos en agua muy caliente pero no hirviendo. (Asegúrese de seguir las instrucciones concretas de cada producto.)

Otras hierbas que tradicionalmente se dice que ayudan a combatir el estrés incluyen la cebada, los cogollos de rosa, el romero, la melisa, la escutelaria, y el ginseng siberiano y americano.

El ejercicio

Para eliminar la tensión y fortalecerse para resistir los efectos físicos negativos del estrés, ensaye las siguientes sugerencias.

➤ *Apriete algo*

Cuando esté bajo estrés, intente apretar algo, por ejemplo uno de esos objetos blandos semimaleables que se usan para ejercitar la mano. Con frecuencia esta acción activa un estado de relajación y libera al cuerpo de la respuesta de huir o pelear. Usted no tiene que seguir una serie particular de ejercicios ni apretar el objeto relajante rítmicamente —la acción de apretar es la que logra el efecto relajante.

En tiempos prehistóricos, esta reacción de alerta obtenía

universalmente una respuesta física. En nuestros tiempos modernos, llenos de factores psicológicos estresantes, pocas respuestas de huir o pelear exigen soluciones físicas inmediatas, y sin embargo los músculos siguen tensionándose. Apretar algo con fuerza ayuda a satisfacer esa necesidad física que todavía está allí.

➤ Afloje los músculos

Adquiera el hábito de determinar regularmente dónde están los puntos tensos de su cuerpo y de relajarlos. Este ejercicio de "muñeca de trapo" le ayudará a darse cuenta de cómo el estrés se siente en su organismo y le ayudará a aflojar los músculos apretados y a reducir el estrés.

En primer lugar, relaje los músculos de la mandíbula adoptando la posición de mandíbula en descanso: los dientes superiores e inferiores ligeramente separados, la lengua no debe tocar ninguno de los dos. Luego, relaje las manos, asegurándose de que los dedos no estén flexionados, y présteles atención a los hombros; si están inclinados hacia adelante, o apretados suéltelos.

Póngase de pie cada hora, deje caer los hombros y permita que los brazos y las manos cuelguen libremente. Deje caer la barbilla hacia el pecho y mueva la cabeza entre los hombros. Sacuda unas cuantas veces las manos mientras cuelgan.

➤ *Haga ejercicio aeróbico*

El ejercicio aeróbico —ejercicio que practicado regularmente mejora la capacidad pulmonar, tiene efectos benéficos sobre la salud cardiovascular y ayuda a quemar grasa en el organismo— también reduce el estrés. Después de 10 a 20 minutos de ejercicio intenso, el cerebro libera epinefrina y endorfinas en el sistema, químicos que disminuyen la tensión. La epinefrina es la hormona del estrés, que nos da la energía para ayudarnos a mantener el nivel de actividad a la par que mejora la circulación; esto limpia las células de toxinas y del debilitante ácido láctico, cuyos niveles aumentan cuando estamos inactivos y tensos. Sin embargo, no aumenta el estrés porque la compensan las endorfinas, que son los químicos que combaten el estrés y proporcionan una sensación de bienestar.

Antes de empezar una rutina de ejercicio, consulte con su entrenador profesional o con el médico para decidir qué programa de ejercicios es más conveniente para usted, y asegúrese de escoger un tipo de ejercicio que le guste. Dos notas de advertencia: en primer lugar, no espere llegar a un nivel poco realista de ejercicio. Como lo anota Daryn Ellen, en el *Redbook* del 6 de junio de 1995, las expectativas poco realistas tienden a hacerlo sentir culpable cuando no las alcanza, lo cual echa por tierra todo el beneficio. En segundo lugar, no exagere: demasiado ejercicio puede forzar el corazón y aumentar el nivel de estrés.

Usted también puede intentar aumentar su ritmo cardíaco a través del sexo. Las investigaciones han demostrado que la estimulación sexual libera no solamente endorfinas positivas sino también, en las mujeres, las hormonas sexuales progesterona y estrógeno. Todas estas hormonas nos ayudan a sentirnos tranquilos y menos sensibles al dolor (y al estrés). Y cuando el apetito sexual ha quedado satisfecho, la reacción natural del cuerpo es la relajación total, ciertamente un antídoto para el estrés.

Salga a caminar

Caminar es una poderosa arma contra el estrés, independientemente de la velocidad. En la Universidad Estatal de California los investigadores descubrieron que el estímulo producido por una caminata de apenas 10 minutos era suficiente para aumentar la energía, cambiar el estado de ánimo y proporcionar un enfoque positivo hasta dos horas después. Un estudio del Centro de Salud y Aptitud Física de la Universidad de Massachussetts encontró que caminar 40 minutos a buena marcha hacía que decayera el nivel de ansiedad hasta en un 14 por ciento.

Relájese nadando

Durante siglos, el agua ha sido conocida por sus propiedades curativas. Nadar puede aliviar la tensión muscular y la rigidez de las articulaciones causada por el estrés. (La natación es especialmente benéfica para quienes sufren de artritis o de cualquier condición que limita el movimiento de las articulaciones o las

EL ESTRÉS Y LOS MÚSCULOS

Ni siquiera el sistema muscular es ajeno a los daños que produce el estrés. Bajo estrés prolongado, muchas de las células de los músculos dejan de recibir alimento por dos razones. El estrés nos hace respirar superficialmente, así que inhalamos menos oxígeno fresco del que requieren las células. En lugar de nutrir todos los músculos, la sangre que lleva los nutrientes y el oxígeno se dirige a los órganos y músculos que más se necesitan para la respuesta al estrés. Adicionalmente, los desechos de las células en forma de ácido láctico, un irritante nervioso de considerable poder, no se eliminan a través de las venas. El resultado es un espasmo muscular, una contracción dolorosa que ocurre cuando los músculos están exhaustos y sin nutrientes. Los músculos que padecen estrés crónico finalmente se acortan y pierden su elasticidad, creando las condiciones ideales para que se presenten lesiones musculares.

El dolor y las lesiones menores de la espalda son resultados comunes de la relación entre los músculos y el estrés. En un estudio de la Universidad de Columbia, que tenía en cuenta más de 5.000 casos de dolor de espalda, el 81 por ciento estaba relacionado con problemas musculares, los cuales con frecuencia se manifiestan debido al estrés, si es que no son causados directamente por éste. Sin embargo, el ejercicio y el control del estrés pueden ayudarles a los músculos a mantenerse en forma óptima.

extremidades). El agua ayuda a sostener el cuerpo, de manera que los músculos dejan de hacer el esfuerzo de mantener la mala postura causada por el estrés. Jenny Sutcliffe, autora de *The Complete Book of Relaxation Techniques* (El libro completo de las técnicas de relajación), sugiere nadar vigorosamente para liberarse de la agresividad o relajarse en el agua para desterrar la fatiga y la ansiedad. O, dice Sutcliffe, haga el intento de flotar con los ojos cerrados a la vez que se imagina cómo toda la tensión sale de su cuerpo hacia el agua.

▶ *No permita que el estrés le tensione el cuello*

En épocas de estrés tenemos la tendencia a elevar o juntar los hombros y a tensionarlos rígidamente sin darnos cuenta. Este abuso musculoesquelético puede llevar a lesiones dolorosas como un nervio comprimido en el cuello o un espasmo muscular, las cuales pueden dar pie a dolores que irradian por el brazo, e incluso hasta la mano.

Un ejercicio rápido para relajar los músculos del cuello y de los hombros es el que se encuentra en el libro de Lawrence Galton, *Coping With Executive Stress* (Cómo sobrellevar el estrés del trabajo). El ejercicio consiste en elevar los hombros y sacudirlos mientras los deja caer, y luego, a una velocidad moderada, moverlos hacia arriba y en círculos para crear un movimiento irregular que afecte al mismo tiempo a los dos hombros. Deje caer la cabeza y gírela hacia la derecha, luego hacia la izquierda, tratando de tocar el hombro con la oreja. Todos estos ejercicios ayudan a relajar los músculos. (Si cualquiera de éstos le causa dolor, suspéndalo de inmediato y consulte con su médico.)

El médico especializado en deportes Anthony C. Ross, de Charleston, Carolina del Sur, opina que tonificar y fortalecer los grupos de músculos más profundos que apoyan la columna cervical puede reducir los problemas en el cuello. Sugiere que uno se pare con el hombro derecho contra la pared y que coloque una pelota de inflar de aproximadamente 25 centímetros de diámetro entre la cabeza (justo por encima de la oreja) y la pared. Mientras mantiene la espalda recta, presione la pelota con la cabeza, tratando de apretarla. Empuje desde el cuello, *no* desde debajo de los hombros. Repita el ejercicio 10 veces y luego haga lo mismo con el lado izquierdo. Luego coloque la pelota entre la frente y la pared y haga 10 repeticiones. Finalmente ubíquese de pie con la pelota detrás de la cintura, sosteniendo la pelota contra la pared. Póngase lentamente en cuclillas, haciendo que la pelota se deslice hacia arriba de la columna vertebral, luego levántese de nuevo hasta quedar erguido del todo, permitiendo que la pelota se mueva verticalmente hacia abajo por toda la espalda.

➤ *Aprenda y mantenga una buena postura anti estrés*

Echar los hombros hacia delante, una típica "postura de estrés", afecta el equilibrio de todo el sistema, lo cual resulta en daño musculoesqueletal y otros problemas que ya mencionamos. Mantener una buena postura es algo que se aprende. La doctora Bess Mensendieck, una escultora holandesa que luego se hizo médica, estableció unos criterios para la buena postura cuando se está de pie, conocidos como la Técnica Mensendieck, y ampliamente difundidos en toda Europa:

» Párese con los pies paralelos, a una distancia que corresponda exactamente con las articulaciones pélvicas. Debe haber una separación entre los piés de cerca de cinco centímetros, los dedos deben estar rectos hacia el frente y los talones rectos hacia atrás.

» Levante la pelvis apretando los glúteos y "empujándolos levemente" hacia abajo.

» Contraiga los músculos abdominales firmemente hacia arriba a la vez que adopta una postura erguida.

» Acerque los omoplatos hacia atrás, en dirección de la columna vertebral y hacia abajo (permitiendo que éstos "aprieten" las vértebras de la mitad de la espalda), lo cual lleva el esternón a su postura diagonal, hacia arriba y hacia delante.

》 Extienda el cuello hacia arriba, hacia la coronilla, dejando que la cabeza descanse en la postura correcta sobre la columna. (Los brazos se ubicarán automáticamente a los lados del cuerpo.)

》 Reparta el peso por igual entre los talones y las bases del dedo gordo.

Ejercite la mandíbula

Al igual que la postura de estrés, la mandíbula humana puede ser considerada un barómetro del estrés. Cuando estamos tensos, con frecuencia apretamos la mandíbula sin darnos cuenta. Algunas personas aprietan y chasquean los dientes mientras duermen hasta que, en los peores casos, los dientes se desgastan y se parten, y la mandíbula duele permanentemente. Un profesor de la Escuela de Medicina Dental de la Universidad de Tufts decía, en la edición del 4 de diciembre de 1995 de *Newsweek,* que estimaba que cerca del 20 por ciento de la población chasqueaba los dientes de manera destructiva. El trastorno de la articulación temporo-mandibular ocurre después de que el hábito de chasquear los dientes y apretarlos ha sido crónico y produce migrañas, dislocación de la mandíbula, daño en los dientes y dolores musculares en el cuello y en la cabeza.

Para salvar los dientes y aliviar la mandíbula adolorida por las presiones que ha creado el estrés excesivo, tome conciencia de su mandíbula. ¿La está apretando en este momento? ¿Lo hace de noche o cuando el estrés es mayor? Trate de relajar la mandíbula dejándola libre, de manera que los labios se toquen pero se conserve un espacio entre los dientes. Acostúmbrese a mantener la lengua en una posición que no toque los dientes. (Si puede hacer esto, es casi imposible apretarlos.) Si chasquea los dientes de noche, resuelva sus preocupaciones antes de acostarse. Si no le funciona, puede tratar de conseguir, a través de su odontólogo, un retenedor para proteger los dientes.

➤ *Haga ejercicio en el trabajo*

Si usted pasa la mayor parte del tiempo sentado frente a un escritorio, teléfono o computador, puede ensayar estos ejercicios para aliviar el estrés y, posiblemente, para prevenir las lesiones causadas por los movimientos repetitivos.

- Haga periódicamente ejercicios con las manos. Hágales masajes por encima y por debajo con el pulgar y los otros dedos. Doble suavemente la muñeca hacia delante y hacia atrás. Cierre el puño y luego abra la mano varias veces.
- Póngase de pie por lo menos una vez cada hora, aunque sea solamente para moverse un poco y para estirarse.
- Por lo menos cada hora, aleje los ojos de la pantalla del computador y mire hacia un objeto lejano. Los músculos de los ojos tienen que trabajar más cuando enfocan los objetos más cercanos, como la pantalla del computador.

》 Consiga un soporte para el auricular del teléfono, en vez de sostenerlo entre el hombro y la oreja.

Cuidado personal

Lleve un paso más allá sus esfuerzos para prevenir el estrés aplicando estos fáciles métodos de cuidado personal.

➤ *Ensaye la terapia de luz solar*

Las personas que están bajo estrés necesitan hacer un esfuerzo adicional para recibir luz natural todos los días. Un estudio sobresaliente citado en el libro *Office Biology*, de Weiner y Brown, mostraba que la luz artificial de espectro limitado, de la que se utiliza con frecuencia en oficinas y colegios, aumenta los niveles de la hormona del estrés.

El cuerpo utiliza la luz del sol y la luz de espectro completo para sintetizar la vitamina D, lo cual le ayuda al organismo a absorber el calcio y a mantener baja la presión arterial, aumentando así la salud y disminuyendo el estrés. La luz natural también regula la glándula pineal, supervisora de muchos de los ritmos del organismo. Sin luz natural, la glándula se desensibiliza, haciendo que el cuerpo, que ya está bajo estrés, quede en peores condiciones.

Cuando usted padece de estrés agudo, puede tender a encerrarse en la casa u oficina. Intente, en cambio, estar al aire libre durante 30 minutos, preferiblemente una hora, en el momento más luminoso del día, es decir, temprano en la mañana. Considere la posibilidad de agregar luz fluorescente de espectro completo a una habitación en su casa u oficina. La persona que lo orienta en asuntos de salud (o el distribuidor local de iluminación) quizás le pueda informar dónde conseguir cajas de luz de espectro completo, que son más portátiles. Aunque no todos los médicos coinciden en el grado de alivio del estrés que proporciona la terapia con luz, sí están de acuerdo en que es provechosa y en que la luz solar siempre es preferible a las imitaciones interiores.

▶ *Vaya a un spa*

¿Qué podría ser más relajante que un tratamiento facial con productos naturales, un masaje de acupresión o una sesión de sauna? Desde luego, no todos los spa se limitan a tratamientos para mimarse: cada vez es más fácil encontrar indicaciones sobre el manejo del estrés, la buena nutrición y las técnicas de relajación, todas comprimidas entre la caminata de la madrugada, la sesión en el gimnasio del final de la mañana y el almuerzo bajo en calorías. Hay balneoterapia para todos los horarios y cuentas bancarias, desde las super veloces de un día, hasta las de una semana con todo incluido.

Si el tiempo o el dinero hacen imposible ir a un spa, arme uno en su casa. La revista *Natural Health* de marzo y abril de 1995 sugiere organizar con tiempo este tipo de actividades. Tenga a la mano todos los aceites necesarios, las mascarillas faciales y otros bálsamos y lociones, y seleccione su música de relajación preferida. Cuando esté disfrutando de su spa personal, asegúrese de que las personas que viven con usted entiendan que usted queda fuera de alcance durante unas dos horas y dirija todas sus llamadas telefónicas hacia su máquina contestadora.

➤ *Pruebe estas técnicas de relajación*

Alcanzar un estado de relajación verdadero y profundo, en el cual los músculos están flácidos, el ritmo cardíaco es más lento, la respiración es profunda y la mente está libre, requiere habilidades que se aprenden y práctica. Hay muchas maneras de relajarse. Para reducir el estrés, explore algunos de los métodos descritos en el cuadro para encontrar el que le resulte más conveniente. Si desea información sobre medicina complementaria, que en algunos casos puede administrarse usted mismo (por ejemplo el yoga y el tai chi), vea el capítulo 3.

Establezca horas definidas en su día para relajarse. Trate de programar por lo menos tres veces al día sesiones de 10 a 15 minutos, en la mañana, el mediodía y la noche. Necesitará un lugar tranquilo —lejos del teléfono, la televisión, la radio y otras interrupciones— del cual pueda disponer en soledad, aunque tenga que poner un letrero en la puerta advirtiéndoles a los demás que no deben entrar. Y recuerde que relajarse no significa quedarse sin hacer nada y/o aburrirse. Un estudio que se centraba en los beneficios de la verdadera relajación, mostró que durante los estados de relajación el organismo libera endorfinas —las hormonas que lo ayudan a sentirse bien—, cosa que no sucede cuando se está simplemente inactivo o aburrido.

Estrategias de mente y cuerpo para lograr la respuesta de la relajación

ESTRATEGIA	DEFINICIÓN	PROCEDIMIENTO	RESULTADO BUSCADO
La respuesta de la relajación	Es un estado natural de relajación auto inducida, descrito por primera vez por el doctor Herbert Benson. En la respuesta de la relajación se bloquean los pensamientos conscientes (causantes de estrés) a través de una serie de estrategias que utilizan cuatro elementos: (1) una herramienta mental (como un objeto o "mantra", una palabra de una sílaba) en la cual enfocarse para promover la concentración; (2) una actitud pasiva; (3) una postura relajada y cómoda; (4) un ambiente tranquilo. La respuesta de la relajación tiene como efecto una disminución de la tensión, un aumento de las ondas cerebrales alfa (las ondas de la relajación), una disminución del ritmo cardíaco y de respiración, un metabolismo más lento y una disminución de la secreción de ácidos digestivos.		
Respiración profunda	Respiración lenta y rítmica con inhalación y exhalación profundas. El concentrarse en la respiración le permite dejar de lado el estrés consciente y centrarse en la relajación. Con frecuencia se combina con otras estrategias.	Párese o siéntese derecho. Inhale lentamente y permita que el abdomen y las costillas se expandan hacia arriba y hacia fuera. Exhale desde el abdomen, luego desde el pecho. Los hombros no deberían levantarse hacia las orejas mientras inhala.	El aumento en el volumen de oxígeno refresca las células y purga los desperdicios celulares. El ritmo lento favorece la relajación.
Relajación muscular progresiva	Es la contracción y relajación sistemática de los músculos. Al enseñar a reconocer el estrés físico, la relajación progresiva interrumpe el síndrome de mente tensa/músculos tensos.	Adopte una postura cómoda, cierre los ojos y ponga en práctica la respiración profunda. De manera sistemática, tensione y relaje cada músculo en orden desde los pies hasta la cabeza. Practique de 10 a 20 minutos dos veces al día (pero no mientras está haciendo la digestión).	Alternar la tensión de los músculos con el relajamiento permite mejorar la capacidad para darse cuenta de los efectos físicos del estrés. La práctica le permitirá relajarse a voluntad.

ESTRATEGIA	DEFINICIÓN	PROCEDIMIENTO	RESULTADO BUSCADO
Terapia de visualización Redefinir, imágenes internas o guiadas, terapia de puerto seguro.	Es un cambio en la percepción o la visualización de una situación placentera, que sirve para combatir mentalmente el estrés.	Cierre los ojos y visualice que está controlando un factor estresante. Adjudíquele una definición (por ejemplo, unos manchones rojos pueden simbolizar la ansiedad), y luego cambie su percepción (imagínese los manchones dentro de una botella, luego véase a usted mismo tirando la botella a la basura). O imagínese un objeto, escena o suceso agradable, que lo llene de serenidad.	La visualización promueve la relajación profunda, la cual causa una liberación de serotonina, una hormona que tranquiliza, alivia la tensión hormonal y promueve la curación.
Meditación Meditación trascendental, auto-hipnosis	Concentrarse en un objeto a la vez que se hace caso omiso de los estímulos externos, para promover la relajación. (Ésta fue la inspiración de la respuesta de la relajación de Benson).	Siéntese o acuéstese cómodamente, cierre los ojos y repita silenciosa y continuamente una palabra o una sílaba (un mantra). Para evitar distraerse, concéntrese en la palabra. Practique durante 10 ó 20 minutos dos veces al día, o cuando se sienta bajo estrés.	El consumo de oxígeno disminuye en un 10 ó 20 por ciento. El latido del corazón, la respiración y el metabolismo se vuelven más lentos y la presión sanguínea disminuye.
Concentración El momento presente, entrenamiento en atención a la vida	Concentrarse en las situaciones presentes y tangibles para erradicar de la mente los pensamientos que causan estrés y ansiedad y que tienen que ver o con el pasado o con el futuro.	Se concentra en los atributos físicos de los objetos que lo rodean (el color de las paredes o la forma de una lámpara) para obligar a su mente a no divagar. Se utiliza con frecuencia para maximizar los efectos relajantes de otras estrategias.	La mente se calma y se distrae de los pensamientos estresantes e intangibles.

ESTRATEGIA	DEFINICIÓN	PROCEDIMIENTO	RESULTADO BUSCADO
Aromaterapia	Es la inhalación o aplicación de aceites aromáticos esenciales extraídos de plantas y flores, para promover la relajación, la curación y el sueño relajado.	En un ambiente libre de estrés, dése un baño con agua tibia que contenga una mezcla de aceites como el de mejorana, lavanda, manzanilla, sándalo y otros. Las fragancias también pueden ser esparcidas a través de velas perfumadas, perfumes, lociones y aceites para masaje.	Las fragancias hacen que los receptores olfativos le envíen señales a la parte del cerebro que controla las emociones y los recuerdos, lo cual estimula la liberación de las hormonas de la tranquilidad y produce un aumento en las ondas cerebrales alfa y teta, que son las ondas de la relajación.
Hidroterapia	Es el uso del agua para cambiar la temperatura del cuerpo (terapia hidrotermal) y promover la relajación. Incluye natación, baños, duchas y el uso de "jacuzzis" y saunas. Se le pueden agregar al agua hierbas (terapia hidroquímica) para favorecer la relajación.	Un baño natural tibio de entre media hora y dos horas resulta sedante. Un baño caliente de entre 5 y 15 minutos alivia la tensión muscular. Un remojón de 30 minutos antes de acostarse ayuda a dormir bien. Los baños de hierbas afectan los músculos y el flujo de la sangre.	El agua tibia induce la liberación de endorfinas y de serotonina y estimula la curación. El agua tibia o caliente dilata los vasos sanguíneos, mientras que la fría los constriñe. En ambos casos se ayuda a la circulación y la relajación.
Terapia musical	Es el uso de la música para relajarse y suavizar el estado de ánimo. Se puede utilizar por sí sola, o combinada con otras estrategias.	Escuche música cadenciosa y relajante, que tenga preferiblemente un ritmo de un compás por segundo. Escúchela en una posición cómoda, con os ojos cerrados. Imagínese que la música es agua que fluye a su alrededor, y que se lleva las tensiones.	La música suave afecta el hemisferio derecho del cerebro (el asiento de la emoción) impidiendo el paso de pensamientos negativos o estresantes. La presión sanguínea, el ritmo cardíaco y respiratorio y la tensión muscular disminuyen, y se liberan endorfinas y serotonina.

ESTRATEGIA	DEFINICIÓN	PROCEDIMIENTO	RESULTADO BUSCADO
Terapia o entrenamiento autogénico Auto hipnosis	Son una serie de órdenes mentales específicas que uno mismo se da con el objetivo de entrar en un trance hipnótico liviano, en esencia el mismo estado de relajación total que se da durante el sueño.	Acostado, con los ojos cerrados, repita órdenes ("Siento las piernas y los brazos pesados", "Siento el corazón estable y tranquilo", etcétera) hasta que a usted le parezca que ha logrado cada uno de estos estados, o hasta cuando sienta que ese estado domina todo el sistema muscular. Practique en sesiones de 20 a 30 minutos, tres veces por semana.	Los mecanismos de curación funcionan con mayor eficiencia en estados de hipnosis. Existen beneficios físicos, psicológicos y emocionales. Con la práctica, es posible inducir este estado utilizando unos pocos comandos.
Biofeedback (Retroalimentación biológica)	Es el control consciente de las funciones involuntarias del cuerpo, a través de la concentración en el cambio de ciertas condiciones físicas. Se enseña usando un monitor electrónico que describe las reacciones del cuerpo.	La tensión muscular se mide a través de electrodos colocados sobre el cuerpo. Cuando usted está tenso, el monitor emite sonidos agudos. En la medida en que usted se va relajando, baja el tono del sonido.	La concentración puede dar como resultado la disminución del ritmo cardiaco y respiratorio, un cambio en la temperatura del cuerpo y la desaparición de la tensión muscular.

Fuentes: Herbert Benson, M.D., *The Relaxation Response;* Leon Chaitow, D.O., *Stress; Diabetes Forecast;* Robert S. Eliot, M.D., *From Stress to Strength;* John Feltman, et al, *The Prevention How-to Dictionary of Healing Remedies and Techniques;* Lawrence Galton, *Coping With Executive Stress;* Charles B. Inlander and Cynthia K. Moran, *67 Ways to Good Sleep;* Andrew E. Slaby, M.D., Ph.D., M.PH., "Sixty Ways to Make Stress Work for You", *Psychiatry Letter;* Jenny Sutcliffe, *The Complete Book of Relaxation Techniques;* University of California, Berkeley, *The Wellness Encyclopedia;* Laurel Vukovic, "Breathe Deeply... and Relax", *Natural Health.*

Consejos para tratar el estrés

Independientemente del esfuerzo que usted haga por manejar bien el estrés, es posible que llegue un momento en que el estrés le gane la partida. Puede sentirse abrumado en lugar de sentirse ante un reto, y puede sentirse agotado, impotente, triste, asustado, vulnerable, irracional y quizás totalmente insensible. Si ése es el caso, usted, al igual que aproximadamente el 68 por ciento de la población adulta, está mostrando síntomas de estrés.

En este capítulo encontrará consejos para el tratamiento del estrés y consejos rápidos que puede poner en práctica de inmediato, como una especie de "primeros auxilios en estrés"; también hablaremos sobre tratamientos médicos y complementarios y cómo buscar ayuda externa.

La intervención médica tradicional

➤ *Empiece por un chequeo médico*

La fatiga, los dolores de cabeza, el asma, la taquicardia, las náuseas y la diarrea, el insomnio, la sudoración abundante y las reacciones alérgicas son todos síntomas de estrés, pero bien pueden estar ocultando los síntomas de algún desorden de fondo, o estar indicando la presencia de una variedad de condiciones médicas.

Aunque están estrechamente ligadas, no confunda la depresión, una condición psicológica que requiere intervención profesional, con el estrés. Algunos síntomas de estrés —la incapacidad de dormir toda la noche, la fatiga que perdura, la frustración, el miedo, los sentimientos constantes de tristeza e impotencia— pueden ser indicios de depresión. Varios cambios de comportamiento, como beber o fumar más de lo acostumbrado, llorar más a menudo, ganar peso debido a la ansiedad inusual y apremiante por comer, el aumento en el uso de drogas, también pueden ser indicios de depresión. (Más adelante hablaremos más sobre la depresión relacionada con el estrés).

El doctor David S. Bell, en su libro *Chronic Fatigue* (Fatiga crónica), recomienda que el chequeo médico incluya por lo menos los siguientes exámenes: la gama completa de las pruebas de cáncer recomendadas por la Sociedad Americana de Cáncer; un conteo completo de glóbulos para detectar una infección crónica o anemia; una prueba de velocidad de sedimentación, otra prueba de sangre que puede identificar una variedad de anomalías médicas; pruebas de química rutinaria para descartar problemas de tiroides o aquéllos relacionados con la artritis; y una radiografía de tórax. Dependiendo de cuáles síntomas reporte usted, su médico puede recomendarle otras pruebas adicionales y puede incluso remitirlo a un especialista para que lo trate o le ordene más pruebas, especialmente si el estrés está afectando algún sistema en particular.

También querrá asegurarse de que los síntomas de estrés no sean producidos por interacciones entre diferentes medicamentos. Mezclar medicamentos (incluyendo aquéllos de venta libre y los que sólo se venden con receta médica y preparaciones a base de hierbas) sin averiguar primero cómo actúan entre sí puede, en el mejor de los casos, anular los beneficios que se esperaban de la droga y, en el peor de los casos, resultar letales. Haga una lista de todos los medicamentos que está utilizando (incluyendo los de hierbas, los medicamentos de venta libre y los que sólo se venden con receta, vitaminas y minerales), y de las cantidades y frecuencia de uso, y revise la lista con su médico. Quizás algunos medicamentos sean innecesarios o se puedan reemplazar por drogas menos reactivas.

Si usted ha descartado otras dolencias y está listo para involucrar a su médico en su lucha contra el estrés, empiece por buscar a su médico de cabecera. Dependiendo de la gravedad de su caso es posible que su médico recomiende algún tipo de asesoría en salud mental, o quizás terapia con droga. Si prefiere no empezar exclusivamente con medicamentos contra la ansiedad, comuníqueselo a su médico y juntos pueden buscar alternativas. Si de hecho inicia su terapia con drogas, revise sus adelantos y visite de nuevo al doctor si no siente que, en el tiempo asignado, el progreso ha sido considerable.

➤ Aprenda a distinguir entre tres condiciones graves relacionadas con el estrés

Aunque *agotamiento, depresión* y *colapso* son términos que con frecuencia se utilizan de manera intercambiable, cada condición es diferente. He aquí un resumen:

> ▶ **El agotamiento** tiene síntomas identificables y es el resultado del estrés prolongado, dice el psiquiatra Donald E. Rosen, quien dirige el programa "Professionals in Crisis" (Profesionales en crisis) de la Clínica Menninger de Topeka, Kansas: "Quienes lo padecen están aletargados, se sienten vacíos y han perdido la capacidad de gozar de las cosas que antes disfrutaban. Cuestionan profundamente el valor de las tareas que ejecutan". La fatiga es un indicador importante porque el agotamiento generalmente ocurre como el tercer y más extremo punto (la persona está exhausta) del síndrome de adaptación general de Selye (ver página 5). El agotamiento extremo, según Edith Weiner y Arnold Brown, autores de *Office Biology*, está marcado

por la alienación y la indiferencia frente a las actividades diarias, y un deseo de escaparse y dormir.

El agotamiento se puede aliviar mediante las técnicas de relajación (ver el cuadro de la página 85), un mejor manejo del tiempo, una dieta saludable, una rutina de ejercicio y modificaciones para eliminar, o por lo menos reducir, el ruido y las interrupciones. A veces, sacar un tiempo libre para alejarse de la situación estresante es una medida imprescindible. Si usted no observa una mejoría después de estos autocuidados, probablemente necesita de intervención bien sea del médico de cabecera o de un consejero profesional.

» **La depresión** tiene diferentes formas y varía desde la distimia leve, en la cual la persona simplemente está irritable y se siente mal la mayor parte del tiempo, hasta la depresión clínica, un término que abarca síntomas severos y de larga duración que requieren tratamiento, quizás incluso con drogas. La depresión es un síndrome, o una colección de signos y síntomas. Según la Asociación Norteamericana de Psiquiatría, para padecer una depresión clínica una persona debe tener al menos cinco de los siguientes síntomas (incluyendo los dos primeros), durante por lo menos un período de dos semanas (una reacción normal a un trauma profundo reciente, como la muerte de un ser querido, no debería ser considerada un síntoma):

✔ estado de ánimo decaído permanentemente

✔ disminución drástica del placer por las actividades diarias

✔ pérdida significativa de peso o de apetito

✔ insomnio, o exceso de sueño diario

✔ un aceleramiento o lentitud anormal de las actividades diarias y los procesos mentales

✔ fatiga o pérdida de energía diaria

✔ sentimientos de inferioridad o de culpa inadecuada

✔ disminución de la capacidad de pensar, concentrarse o tomar decisiones

✔ pensamientos recurrentes de suicidio o muerte

⟫ **El colapso,** o colapso por estrés, se produce cuando la capacidad de la persona para manejar las exigencias ordinarias de la vida se ve seriamente afectada por el estrés.

Los síntomas del colapso son mucho más severos que los del estrés, explica el psiquiatra Michael Epstein, coautor de *Falling Apart* (Momento de crisis). Aunque la mayoría de la gente se recupera de un colapso, dice Epstein, con frecuencia continua siendo vulnerable al estrés: después de un colapso, a diferencia de una época de estrés menos severo, los síntomas de estrés y la sensación de impotencia persisten. El colapso por estrés puede suceder después de un agotamiento no tratado y puede acompañar a la depresión.

En *Falling Apart,* Epstein explica que las técnicas de

cuidado propio para el estrés no funcionan necesariamente en casos de colapso, y pueden incluso agravar la situación: "Los médicos lo comparan con tratar una pierna fracturada como si fuera un esguince". Por el contrario, todas las personas que han sufrido un colapso requieren intervención —cuanto más pronta mejor— y casi siempre necesitan psicoterapia combinada con medicamentos contra la depresión. Y a diferencia del agotamiento y la mayoría de las depresiones, la recuperación casi siempre requiere una licencia laboral y un alejamiento de las responsabilidades familiares hasta que mejore la situación.

> ## Revise el cubrimiento que su seguro le ofrece cuando se trata de condiciones asociadas con el estrés

Los problemas mentales que se originan en el estrés asociado al trabajo constituyen un segmento enorme de los gastos en salud. Estudie cuidadosamente la información relacionada con su seguro de salud o consulte con su agente. Si usted está empleado o se ha jubilado, estudie bien su póliza de seguros para saber cuál es el cubrimiento que le ofrece en caso de problemas de salud relacionados con el estrés, qué compañía ofrece asesoría en el manejo del estrés, y cómo funcionan las referencias para tener acceso a este servicio. El mejor tratamiento para el estrés se conseguirá en la medida en que usted esté preparado.

▶ Busque asesoría psicoterapéutica, especialmente si su nivel de estrés parece incontrolable, o sospecha que sufre de depresión

La psicoterapia busca asistir a las personas para que resuelvan y manejen los asuntos emocionales que les están causando ansiedad mental y física. Su meta, aparte de aliviar el estrés del momento, es enseñarle a la persona cómo expresar la ira y el conflicto de manera apropiada, para que pueda desempeñarse más eficazmente.

La asesoría psicoterapéutica la lleva a cabo un psiquiatra, un especialista en enfermedades mentales que tiene un grado en medicina y que puede recetar medicamentos. A menos que usted tenga la sospecha de sufrir de depresión, la psicoterapia tal vez no sea la opción más sabia hasta no haberse practicado exámenes médicos completos, como se recomienda al inicio de este capítulo. Sin embargo, una vez que usted haya descartado la existencia de un origen médico para su ansiedad, y cuando haya puesto en práctica algunas medidas de autocuidado, como las del capítulo 2, durante al menos varias semanas (el tiempo que le toma a su cuerpo adaptarse a rutinas nuevas), puede considerar la psicoterapia como el siguiente paso en el camino de controlar el estrés.

Independientemente de la forma u orientación de su asesoría, la psicoterapia debe ser un proceso de colaboración entre el paciente y el terapeuta. Usted debe tomar parte activa en la identificación de los conflictos emocionales que le causan estrés y en la resolución de éstos. Las principales orientaciones terapéuticas que pueden utilizarse, por si solas o, lo que es más probable, en combinación con otras, incluyen las siguientes:

» **La terapia de apoyo combinada con terapias de introspección** lo tranquilizan en el sentido de que el estrés es pasajero a la vez que le ayudan a identificar la causa psiquiátrica de su estrés. El tratamiento le ayudan a tener una actitud más positiva y a mejorar la autoestima. También enseña técnicas de intervención, como la respiración profunda, la autosugestión positiva y la relajación progresiva de los músculos, que pueden utilizarse para luchar contra los comportamientos negativos que llevan al estrés.

» **La terapia cognitiva o de comportamiento** se basa en la creencia de que todo el comportamiento (y la percepción) es aprendido y por lo tanto puede desaprenderse. Con el terapeuta, usted analizará cómo percibe los asuntos que le generan estrés, luego estructurará y pondrá en práctica las modificaciones al comportamiento que sean indicadas mediante el uso de varias técnicas. Esta terapia intenta producir cambios en los hábitos para corregir los pensamientos de derrota que llevan al estrés.

» **La terapia psicodinámica** se centra en el significado subjetivo de la experiencia y utiliza la terapia para explorar, iluminar y transformar la manera como usted vive la experiencia de usted mismo y de los demás. Esta terapia examina los asuntos emocionales que acompañan al estrés y es generalmente usada con quienes que niegan las razones psicológicas subyacentes al estrés. Esto le permitirá descubrir aspectos de los conflictos y sentimientos psiquiátricos, le ayudará a aclarar asuntos específicos de su vida, y le ayudará a interpretar sus propios problemas como preludio a sus cambios y a tomar las riendas de la responsabilidad que le corresponde en reducir su propio estrés.

Si no conoce a un buen psiquiatra, pídale a su médico de cabecera que le recomiende uno o solicite una remisión en el hospital. Asegúrese de buscar a alguien con expe-riencia en el manejo de problemas relacionados con el estrés.

Intervención social no médica

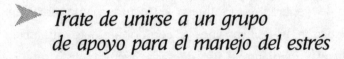

Trate de unirse a un grupo de apoyo para el manejo del estrés

Los grupos de apoyo son una manera económica e inmediata de luchar contra el estrés. Los expertos dicen que los grupos de apoyo deshacen el aislamiento que la gente siente en la sociedad moderna, actúan como pseudofamilias donde todos los jugadores son iguales, y naturalmente animan a sus integrantes a ventilar y a compartir sus emociones de vulnerabilidad. Proporcionan un refugio seguro, un espacio que inspira confianza, donde se puede hablar sobre la ira, los temores y empezar a abandonar las emociones negativas que causan estrés, al compartir experiencias con quienes han sentido emociones semejantes. Posiblemente también hay un beneficio agregado, según lo anota el Informe a los consumidores sobre salud de julio de 1995: los investigadores opinan que la reducción del estrés, como la que se ha encontrado en grupos de apoyo para pacientes de cáncer, incluso puede ayudarlo a protegerse contra enfermedades como el cáncer o ayudarle a vivir más tiempo.

⋙ *Busque asesoría psicológica no médica para aliviar el estrés*

La asesoría psicológica no médica generalmente es dirigida por psicólogos, quienes no pueden recetar drogas, aunque suelen trabajar con un médico que puede hacerlo cuando es el procedimiento indicado.

Otros profesionales no médicos incluyen trabajadores sociales clínicos, que cuentan con una maestría en trabajo social seguida de por lo menos dos años de trabajo dirigido de post grado, y los terapeutas familiares calificados, que están certificados en terapia marital o de familia. Vale la pena que usted investigue las credenciales de su terapeuta antes de comprometerse con éste.

➤ *Participe en una consejería de grupo*

Si no tolera la consejería uno a uno, si siente que le va mejor actuando en conjunto con otros, o si simplemente no puede pagar una asesoría personal, es posible que la terapia de grupo sea lo indicado para usted. La asesoría en grupo utiliza un modelo muy parecido a los formatos de autoayuda, excepto por el hecho de que cuenta con un profesional en asuntos de salud mental, bien como líder del grupo, o bien como facilitador. Generalmente se reúnen grupos de entre seis a ocho personas, una vez a la semana, durante 90 minutos, y cuando un integrante ya no necesita la terapia, abandona el grupo y es reemplazado por uno nuevo.

Los grupos de consejería pueden ser de enfoque único, es decir que eligen tratar un tema o condición, como el estrés relacionado con el trabajo, o de enfoque mixto, en los cuales cada participante puede estar allí para tratar de resolver una clase diferente de problema interpersonal. Cada formato tiene sus fortalezas particulares. En los de enfoque único, un integrante puede contar con que los demás conocen el problema por experiencia personal, y los que están más adelantados pueden servirle de inspiración al que empieza. Los grupos mixtos tienen la fortaleza de la diversidad. Los integrantes hacen descubrimientos con base en la dinámica del grupo y en el rango de perspectivas para resolver una serie de problemas.

Antes de iniciar la terapia de grupo —o, para ser sinceros, cualquier otro tipo de terapia— hable primero con su consejero sobre las metas que desea lograr específicamente. Esto le dará un marco de referencia temporal que les permita a usted y a su consejero evaluar el progreso. En *The Consumer's Guide to Psychotherapy* (La guía del consumidor en asuntos de psicoterapia) Jack Engler y Daniel Coleman, anotan que muchas personas que padecen de estrés encuentran que se han beneficiado después de apenas cuatro sesiones. Otros necesitan de seis a ocho, y otros, que son la excepción, quizás continúen con la terapia por un tiempo más prolongado.

Intervención farmacológica

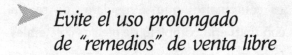

Evite el uso prolongado de "remedios" de venta libre

A diferencia de otras enfermedades y condiciones, como gripas y estreñimiento, el estrés no cuenta con una amplia estantería en la farmacia, llena de medicamentos para tratar el mal en particular. La razón de esto es que los medicamentos efectivos para tratar la ansiedad son todos psicoactivos, es decir que afectan las funciones mentales normales y por lo tanto requieren de receta médica. Por otra parte, lo que sí se consigue sin receta son generalmente tratamientos para los *síntomas* del estrés: una amplia gama de antiácidos y mezclas de bismuto para los trastornos estomacales; analgésicos y anti inflamatorios para el dolor de cabeza, la artritis y otros dolores inducidos por el estrés; recetas para el resfriado y atomizadores nasales medicados para las gripes, sinusitis y alergias nasales relacionadas con el estrés; y recetas contra el insomnio.

Si bien es cierto que muy pocos medicamentos de venta libre prometen tratar la ansiedad directamente, la verdad es que muchos de nosotros los adquirimos con el objetivo de tratar la ansiedad y los síntomas del estrés. No tiene nada de malo, desde luego, tomarse *ocasionalmente* un analgésico para el dolor de cabeza producido por la tensión, o tomarse uno que otro antiácido para contrarrestar los efectos del estrés que nos produjo la última comida que se hizo en medio de una reunión de trabajo. Pero deberían utilizarse sólo *ocasionalmente*. Los medicamentos de venta libre, al igual que sus contrapartes que sí requieren de receta, son drogas y vienen con un menú completo de efectos colaterales, desde sequedad de la boca y somnolencia hasta disminución de la memoria de corto plazo e incluso, a veces, alucinaciones visuales. Recuerde también que al tratar los síntomas del estrés —las señales de alarma de su organismo— y al hacer caso omiso del estrés mismo, también está haciendo caso omiso de la verdadera causa del problema y sometiéndose a un daño adicional.

▶ Conozca los medicamentos que requieren receta médica y se relacionan con el estrés

Los medicamentos que históricamente se han utilizado para tratar la ansiedad y el estrés son sedantes, ansiolíticos (medicamentos contra la ansiedad) y tranquilizantes menores. En el pasado, la mayoría tenían efectos colaterales severos como el embotamiento, y algunos eran altamente adictivos. Sin embargo, en la medida en que han evolucionado, las drogas contra la ansiedad se han vuelto más eficaces y tienen menos efectos colaterales negativos.

Algunos medicamentos actuales, en particular los sedantes, deben ser utilizados como tratamientos sólo temporalmente y no por períodos prolongados. Otras drogas contra la ansiedad, incluyendo los inhibidores de la monoaminoxidasa, y los inhibidores selectivos de la recaptación de la serotonina, sí tienen aprobación para ser utilizados por períodos prolongados. A continuación encontrará las principales categorías de drogas que se utilizan actualmente para combatir el estrés comenzando por los medicamentos más antiguos.

- **Benzodiacepinas.** Son generalmente útiles en el tratamiento a corto plazo cuando se trata de circunstancias bien definidas, como el manejo de un trastorno emocional reciente. Su propósito es disminuir la ansiedad de la persona bajo estrés, para que la autoayuda tenga efecto y la persona pueda procurarse el sueño que tanto necesita. Promueven la actividad de algunos neurotransmisores —químicos cerebrales que reducen las transmisiones de impulsos nerviosos e inhiben parte de la actividad cerebral. Los efectos colaterales son numerosos, incluyendo la adicción, la somnolencia y la falta de coordinación. Deberían consumirse únicamente por períodos cortos (dos semanas o menos). El consumo de benzodiacepinas es especialmente preocupante cuando se trata de personas de edad, porque con frecuencia reciben recetas por tiempo prolongado. Son potencialmente letales cuando se mezclan con alcohol.

» **Betabloqueadores.** Éstos reducen la presión arterial, alivian la angina y estabilizan los latidos del corazón. Se incluyen en la categoría de medicamentos ansiolíticos porque interceptan las ondas beta del cerebro, las cuales se asocian con la excitación y con la hormona del estrés, epinefrina. Los betabloqueadores también se utilizan para combatir la migraña, una condición frecuentemente asociada con el estrés. No se les recetan a personas con problemas respiratorios, porque pueden ocasionar la constricción de las vías respiratorias. Otros efectos colaterales son los cambios en el ritmo cardíaco, frío en manos y pies y depresión. El mayor peligro de los betabloqueadores se asocia con su suspensión repentina, que puede precipitar un ataque al corazón, angina y otros efectos secundarios graves.

» **Inhibidores de la monoaminoxidasa.** Éstos son anti-

depresivos que aumentan los niveles de los neurotransmisores epinefrina y serotonina (que es un químico calmante), al reducir la producción del organismo de la
monoaminoxidasa, una enzima que normalmente descompone a estos químicos. Los efectos colaterales incluyen
la sensación de mareo, sequedad en la boca y la pérdida
del interés sexual. También pueden causar una reacción
grave si se mezclan con bebidas alcohólicas o con alimentos
que contengan tiramina (por ejemplo el vino tinto y los
quesos maduros), pues resultaría en un peligroso aumento
de la presión sanguínea, náuseas, posiblemente confusión,
síntomas psicóticos, convulsiones, derrame cerebral, coma
e incluso la muerte. Estos inhibidores también pueden
tener efectos serios si se utilizan en combinación con
medicamentos de venta libre, como aquéllos contra los
síntomas del resfriado y las alergias, los inhibidores del
apetito, los anestésicos locales, la insulina, los medicamentos que se utilizan para tratar el mal de Parkinson y las
anfetaminas. Por esta razón, estos inhibidores son generalmente el tratamiento de última opción para reducir la
ansiedad. Típicamente se les recetan a las personas que
no responden bien a los antidepresivos tricíclicos que dis-
cutiremos en el párrafo siguiente.

▶ **Antidepresivos tricíclicos.** Estos fueron recetados por
primera vez en los años 50 y, hasta el momento en que
se desarrollaron los inhibidores selectivos de la recaptación

de la serotonina, eran la opción por excelencia para tratar los casos más severos de depresión. Su funcionamiento se basa en que aumentan los niveles de serotonina y norepinefrina en el cerebro, porque disminuyen la velocidad de reabsorción de estos dos químicos cerebrales por parte de las células nerviosas. Los efectos colaterales varían pero incluyen, con mayor frecuencia, sequedad en la boca, estreñimiento, dificultad para orinar, condiciones que se conocen como efectos secundarios anticolinérgicos. Los pacientes de edad también pueden experimentar dificultades cognitivas o de memoria. Los antidepresivos tricíclicos también pueden llevar a ganar peso, a sentir mareos y fatiga y a la sudoración excesiva, pero estos efectos casi siempre se disipan pronto o pueden reducirse disminuyendo la dosis o cambiando a otra forma de antidepresivos tricíclicos. A quienes reportan efectos colaterales muy fuertes, a veces se les cambia el tratamiento a inhibidores de la monoaminoxidasa. Los antidepresivos tricíclicos no son adictivos pero pueden ser fatales en sobredosis.

» **Inhibidores selectivos de la recaptación de la serotonina.** Son la más reciente categoría principal de antidepresivos. Si bien los antidepresivos tricíclicos inhiben la absorción de serotonina y norepinefrina, los inhibidores selectivos de la recaptación de la serotonina tratan la depresión y la ansiedad selectivamente a través de la inhibición de la reabsorción únicamente de la serotonina. Éstos, por lo tanto, carecen de los efectos colaterales anticolinérgicos de los anteriores, y de las restricciones alimenticias de los inhibidores de la monoaminoxidasa, lo cual los convierte en una atractiva opción. Al igual que otros antidepresivos, se sabe de casos en que el Prozac (la más conocida de estas drogas) ha inducido episodios maniacos en personas que tienen historia familiar de desórdenes bipolares (maniaco depresión), pero para varios tipos de ansiedad y otras formas de depresión estos medicamentos se han convertido en uno de los de mayor uso en el mundo. Los efectos secundarios iniciales de esta categoría de drogas incluyen náuseas, diarrea, ansiedad, insomnio, dolor de cabeza y eczema, todo con altas probabilidades de ceder en la medida en que el cuerpo se acostumbra al régimen. En general, los efectos colaterales que se conocen hasta el momento son los más suaves de todo el grupo de antidepresivos. Puesto que las drogas son tan nuevas, poco se conoce sobre los posibles efectos a largo plazo.

» **Otras drogas recetadas** para tratar la depresión y la ansiedad no pertenecen a ninguna de las categorías de antidepresivos, pero su actividad se asemeja parcialmente a la de los inhibidores selectivos de la recaptación de la serotonina, pues inhiben la absorción de norepinefrina, al igual que la serotonina. Algunas funcionan de igual manera pero tienen una composición química diferente. Éstos son generalmente los más sedantes de las tres clases de

EL USO DE MEDICAMENTOS PSICOACTIVOS

Los medicamentos psicoactivos tienen, potencialmente, propiedades milagrosas, entre las cuales están la habilidad de restaurar a quienes han padecido estrés y se encuentran debilitados, y regresarlos a vidas menos ansiosas y más productivas. Sin embargo, estos medicamentos fuertes alteran la química del cerebro y algunos pueden ser adictivos. Con frecuencia se abusa de ellos y pueden causar una serie de efectos secundarios negativos.

Nunca mezcle los medicamentos psicoactivos con alcohol, especialmente si está consumiendo sedantes o tranquilizantes, puesto que estos deprimen el sistema nervioso central. Combinar este efecto con el del alcohol, también un depresor, es suficiente para anular todas las funciones del organismo. Si se siente tentado, encierre el licor bajo llave durante el tratamiento. El alcohol nunca les sirve de ayuda a las personas bajo estrés, y ha habido muchas muertes y accidentes cerebrales que han resultado en coma entre gente que no tomó en serio esta advertencia —o que entró mediante el alcohol a un estado de tal relajamiento que olvidó que estaba tomando medicamentos sedantes.

El mejor consejo es el de tratar todos los medicamentos psicoactivos como los poderosos elementos que son. Utilícelos de la manera como su médico consideró que se debían usar. No los comparta con nadie. Y si le han recetado un medicamento que le han recomendado suspender antes de haber consumido el total, siga las indicaciones —eso sí, asegúrese de seguir las instrucciones del médico si éste considera que lo mejor es dejarlo gradualmente.

medicamentos mencionados, así que se reservan para quienes padecen una ansiedad que se traduce en agitación. Los efectos de algunos de estos medicamentos sobre el cerebro no se entienden a cabalidad, pero se cree que en algunos casos inhiben la absorción de serotonina, norepinefrina y dopamina. Cada uno de estos medicamentos puede causar efectos colaterales, pero, en general, son mucho más suaves que la mayoría de los antidepresivos tricíclicos. Éstos pueden ser usados por tiempo prolongado, en las dosis prescritas, con pocos efectos secundarios.

Intervención médica complementaria

▶ *Explore la medicina alternativa*

Los tratamientos alternativos o complementarios —terapias que no están aceptadas por la medicina ortodoxa— tienen gran atractivo. Una encuesta reportada en la edición del 28 de enero de 1993 del *New England Journal of Medicine* indicaba que uno de cada tres adultos entrevistados había utilizado "terapias no convencionales" en el año anterior, el mismo año que los estadounidenses gastaron cerca de $ 13,7 billones de dólares en técnicas alternativas.

Tratamientos complementarios como la acupuntura, el yoga, el masaje y la nutrición —de amplio uso en Europa, China y América Latina— son aceptados por gran número de médicos tradicionales como terapias efectivas contra el estrés cuando se usan en combinación con los tratamientos tradicionales. Otras técnicas alternativas, a su modo de ver, todavía no tienen beneficios clínicamente comprobados.

Los siguientes consejos sugieren algunos enfoques complementarios que tienen buena trayectoria en el tratamiento del estrés. Como siempre, cuando se trata de tratamientos médicos de cualquier clase, primero consulte con su médico para asegurarse de que la combinación que usted está considerando es complementaria y no contraproducente con cualquier otro tratamiento médico que esté recibiendo.

Sistemas alternativos de prácticas médicas

» **La acupuntura,** un antiguo sistema médico chino, sigue el principio de que la enfermedad resulta de un desequilibrio en la energía del cuerpo, llamada "chi". La acupuntura se basa en la inserción de agujas justo debajo de la piel y a lo largo de los meridianos que se denominan las "autopistas de la energía" y por donde los acupunturistas creen que fluyen la sangre y la energía hacia todo el cuerpo. Mediante la acupuntura se restablece el equilibrio entre las fuerzas vitales del yin y el yang, y por lo tanto se restablece la salud. Los estudios indican que la acupuntura libera endorfinas que contrarrestan el dolor y disminuyen el efecto de las hormonas del estrés. La acupuntura ha mostrado buenos resultados inmediatos en la reducción del estrés, aunque el alivio no siempre es de larga duración si no se administra un tratamiento adicional. Es importante verificar que el acupunturista tenga en orden su licencia para ejercer.

➤ **La acupresión** es la prima más vieja de la acupuntura. La acupresión moderna se desarrolló a partir de un antiguo arte curativo de China, en el cual los dedos presionan puntos claves en la superficie de la piel para estimular las propiedades curativas del mismo organismo. Quienes abogan por la acupresión dicen que cuando estos puntos se presionan, la tensión muscular cede, la circulación mejora y se promueve la fuerza vital curativa del organismo. También se cree que la acupresión inhibe las señales de dolor que llegan al cerebro. Michael Reed Gach, una de las máximas autoridades en acupresión en los Estados Unidos, identifica en "ocho puntos potentes de presión" para aliviar la irritación y la frustración asociadas al estrés.

〉 **Ayurveda** o **medicina ayurvédica** es la medicina tradicional holística de la India y el arte curativo más antiguo. Utiliza la meditación, las hierbas y la nutrición para adquirir un equilibrio en la energía del cuerpo y una "conciencia colectiva armoniosa". La medicina ayurvédica se utiliza con frecuencia para tratar condiciones crónicas afectadas por el estrés, incluyendo la artritis, el eczema, la presión alta, la sinusitis y los dolores de cabeza. La medicina ayurvédica ha ganado en el mundo occidental gran popularidad a través de los escritos del médico y autor Deepak Chopra.

〉 **La naturopatía** es una forma de medicina propia de los Estados Unidos que fue inicialmente popular en el siglo XIX y que recibe aportes de diversos sistemas de medicina, incluyendo la acupuntura, la nutrición, la farmacología, las terapias de manipulación y la medicina botánica. Los médicos naturópatas promueven medicamentos hechos a base de ingredientes naturales y practican la medicina preventiva trabajando para fortalecer las capacidades curativas del organismo. La naturopatía se considera más eficaz en el tratamiento de condiciones crónicas, como el estrés, que en el tratamiento de infecciones o enfermedades, que pueden responder mejor a un enfoque biomédico.

Terapias de movimientos meditativos

Las terapias de movimientos meditativos invocan la alta conciencia de la meditación, en combinación con movimientos del cuerpo mesurados y tranquilizantes. Las investigaciones han demostrado que estas terapias de movimiento pueden exhibir excelentes resultados en el alivio del estrés.

> **El yoga**, que significa "unión de disciplinas", combina una serie de complejos ejercicios de estiramiento con la respiración profunda, la meditación y las posturas (*asanas*). Se cree que el yoga restablece la armonía y el equilibrio entre el cuerpo y el alma, y los estudios muestran que el yoga puede bajar la presión sanguínea, probablemente porque hace más lenta la producción de epinefrina mientras que la mente está en estado de meditación. A los instructores de yoga no se les exige licencia, pero es importante encontrar un instructor competente que haya sido entrenado en anatomía y fisiología.

> **El Tai chi** se centra en el mismo principio fundamental de las terapias de curación chinas: lograr la armonía para que la energía pueda fluir libremente. Este ejercicio meditativo utiliza una amplia gama de movimientos "ondulantes" lentos y bien organizados, que están diseñados para promover la fortaleza física, la claridad mental y la serenidad emocional. Para enseñar terapias de ejercicio y movimiento no se requiere una licencia, pero el tai chi y el qigong (una terapia de ejercicio similar al tai chi) se aprenden mejor de instructores entrenados y conocedores.

Métodos de curación manual

» **La terapia de masaje** puede reducir efectivamente el estrés. Existen más de 100 clases diferentes de terapias de masaje y todas consisten en la manipulación de los tejidos blandos del cuerpo para tratar varios males y condiciones. La acupresión y la aromaterapia son formas de masaje, al igual que el masaje sueco, el shiatsu y la reflexología (que utiliza puntos de presión en los pies). El masaje aumenta la circulación, reduce la contracción de los músculos involuntarios, estimula la liberación de endorfinas (que ayudan a aliviar el dolor) y disminuye los niveles de la hormona del estrés. Para algunas formas especiales de masaje es conveniente recibir entrenamiento adicional. Los clubes de salud, los balnearios y los salones de belleza generalmente tienen disponible una lista de terapeutas del masaje.

» **La quiropraxia** involucra el tratamiento integral de la persona mediante el contacto curativo (*healing touch*) y la manipulación de los huesos, músculos y tejidos blandos del cuerpo. Según la teoría quiropráctica, el cuerpo está controlado por el sistema nervioso y varias dislocaciones de las articulaciones (subluxaciones) generan un desequilibrio en el cuerpo, lo cual resulta finalmente en enfermedades. Esta terapia libre de medicamentos se centra en realinear la columna vertebral a través de la manipulación; una vez que se restaura el equilibrio entre la columna vertebral y el sistema nervioso, el cuerpo puede curarse, dice esta teoría. Muchos pacientes que han buscado alivio para el estrés y la tensión, el tratamiento de dolores en la parte baja de la espalda y otros dolores musculares, así como alivio para una variedad de condiciones crónicas dolorosas a través de la terapia quiropráctica, se han sentido satisfechos con los resultados. Esta terapia, que es preventiva al igual que curativa, también utiliza la hidroterapia, la estimulación eléctrica, el ultrasonido, el masaje, la nutrición y el ejercicio. Los quiroprácticos no son médicos y no pueden recetar ni hacer cirugías.

» **La terapia osteopática** utiliza dos técnicas —la manipulación del sistema musculoesqueletal y la palpación o contacto con el cuerpo— para localizar signos externos de problemas internos. La teoría osteopática sostiene que la estructura mecánica del cuerpo y su función son interdependientes y que la enfermedad sobreviene cuando éstas están desincronizadas. Aunque ambas utilizan la manipulación, la osteopatía ha sido más fácilmente aceptada que la terapia quiropráctica en el establecimiento médico porque los osteópatas reciben una formación médica semejante a la de los médicos corrientes y pueden recetar y hacer cirugías.

Intervención mente cuerpo

» **La hipnosis** llevada a cabo por un hipnoterapeuta cer-
tificado (no debe ser confundida con la auto hipnosis,
una estrategia de relajación) es otra aproximación al alivio
del estrés que algunos encuentran útil. Durante años, la
hipnosis ha sido incorrectamente asociada con los trances
dramáticos y la cesión total del control a un terapeuta,
pero ninguno de los dos estereotipos es acertado.

La hipnosis requiere primero que se discutan con el
terapeuta la fuente del estrés (por ejemplo, el temor a
hablar en público) y las metas de la hipnosis (poder desligar
el temor del hecho de hablar en público). El terapeuta
procede entonces a hipnotizar a la persona iniciando una
respuesta de relajación y ayudándole a esa persona a alejar
sus pensamientos de las actividades diarias y a dirigirlos
hacia pensamientos y sensaciones más profundos. Mientras
que la persona está en este estado de relajamiento y la
mente está en un estado más dispuesto a la sugestión,
el terapeuta le pide al paciente que imagine que está en
una situación que normalmente le causa estrés pero que
está respondiendo de una manera relajada. Al cabo de
unas cuatro o cinco sesiones, se dice que la imagen mental
que se ha practicado se traslada al comportamiento real.
El dividendo de tal instrucción es que la persona aprende
pronto a entrar en un estado de relajación profunda a

voluntad , una habilidad muy útil que ayuda a reducir el estrés. Muchas personas se definen como hipnoterapeutas pero no todas están calificadas.

Terapia bioelectromagnética

❱ Identificada por la sigla TENS (Transcutaneous Electrical Nerve Stimulation), la estimulación eléctrica transcutánea de los nervios es una terapia complementaria de alta tecnología en la cual una corriente alterna de bajo voltaje pasa mediante electrodos hacia un área del cuerpo que padezca dolor. La corriente suave estimula la producción de endorfinas —que combaten el dolor— a la vez que inhiben la transmisión del dolor y los impulsos del estrés. Es utilizada extensivamente por los quiroprácticos y ayuda a aliviar los dolores de cabeza producidos por la tensión (y las migrañas) y dolores musculares de la espalda, cuello y articulaciones. El tratamiento generalmente dura entre 10 y 30 minutos. Casi siempre el alivio es inmediato pero temporal. La experimentación clínica con aparatos de TENS que utilizan corrientes directas más fuertes ha demostrado cierto grado de éxito en el logro de un alivio más prolongado, que se mide en términos de meses en lugar de horas.

Estos consejos para la prevención y tratamiento del estrés le han proporcionado conocimientos y técnicas útiles para el control de la ansiedad. Recuerde que así como le tomó tiempo llegar a los niveles de estrés que ahora considera malsanos, aprender e implementar técnicas efectivas para el manejo del estrés en su vida no se logra de la noche a la mañana. Pero si usted está comprometido con el manejo del estrés, le prometemos que le mejorarán la vida.

APÉNDICE

Cuestionarios de autoevaluación para medir el estrés

Hágase usted mismo una prueba de estrés

La siguiente prueba, desarrollada por investigadores de la Universidad Carnegie Mellon, proporciona una medida aproximada de cuánto estrés está sintiendo. Para cada pregunta, encierre en un círculo el número apropiado.

En el mes pasado, cuán frecuentemente se ha sentido:	Nunca	Casi nunca	A veces	A menudo	Muy a menudo
Enojado por algo que sucedió inesperadamente.	0	1	2	3	4
Incapaz de controlar las cosas importantes de su vida.	0	1	2	3	4
Incapaz de manejar todas las cosas que tenía pendientes.	0	1	2	3	4
Enojado por cosas que estaban fuera de su control.	0	1	2	3	4

Agobiado por las dificultades que se estaban apilando tan alto que no las podía superar.	0	1	2	3	4
Seguro de sus habilidades para manejar los problemas personales.	4	3	2	1	0
Tranquilo porque las cosas marchaban en la dirección correcta.	4	3	2	1	0
Capaz de controlar los aspectos irritantes de su vida.	4	3	2	1	0
En control de los asuntos.	4	3	2	1	0

Calificación total: _____

Cuanto más alta sea la calificación total, mayor será su nivel de estrés. El puntaje promedio para la población general es de 14 para las mujeres y 12 para los hombres.

Fuentes: Cohen, Sheldon, Tom Karmack y Robin Mermelstein, "A Global Measure of Perceived Stress," *Journal of Health and Social Behavior*, vol. 24, 385-396, 1983. Reproducido con autorización de The American Sociological Association.

¿Está el estrés afectándolo físicamente?

Marque "sí" para aquellos síntomas que experimenta más de una vez a la semana. Si la frecuencia es mensual, marque "a veces", y si es menor de una vez al mes, marque, "no".

	Sí	A veces	No
¿Tiene alguno de los siguientes problemas de sueño?			
a. dificultad para quedarse dormido.	――	――	――
b. despertarse con frecuencia en la noche.	――	――	――
c. despertarse en la madrugada y ser incapaz de conciliar el sueño de nuevo.	――	――	――
¿Experimenta dificultades sexuales (como impotencia o falta de apetito sexual)?	――	――	――
¿Tiene dificultad para sentarse quieto, sin hacer movimientos nerviosos?	――	――	――
¿Padece dolores de cabeza?	――	――	――
¿Se come las uñas?	――	――	――
¿Se siente inusualmente cansado?	――	――	――
¿Sufre con frecuencia de trastornos digestivos, como agrieras?	――	――	――
¿Tiene antojos de comida fuera de las horas establecidas?	――	――	――
¿A las horas de la comida, le falta el apetito?	――	――	――
¿Es su función intestinal errática —a veces estreñida, a veces con soltura?	――	――	――
¿Suda sin razón aparente?	――	――	――

¿Tiene tics, como tocarse la cara,
el pelo o el bigote repetidamente? ——— ——— ———

¿Siente náuseas con frecuencia? ——— ——— ———

¿Se desmaya o tiene episodios
de mareo sin causas obvias? ——— ——— ———

¿Se siente sin aliento o con el pecho
apretado cuando no está haciendo
ningún esfuerzo? ——— ——— ———

¿Llora o siente deseos de llorar? ——— ——— ———

¿Sufre de presión alta? ——— ——— ———

¿Se siente obligado a tomarse una
bebida para "relajarse"? ——— ——— ———

¿Fuma para calmar los nervios? ——— ——— ———

Si contestó "sí" a dos o más de estas preguntas (dos "a veces" son equivalentes a un "sí"), entonces casi con seguridad está sintiendo los efectos del estrés, y es hora de tomar cartas en el asunto. Algunos de los síntomas mencionados arriba pueden surgir de otras causas, pero generalmente están mezclados con factores generadores de estrés. En ausencia de enfermedades orgánicas, todos los anteriores síntomas son remediables mediante el manejo del estrés.

Fuente: Chaitow, Leon. *Stress,* Londres: Thorsons, 1995. Reproducido con autorización de los editores.

Índice de cambios en la vida

Para medir cuánto estrés está experimentando en su vida, sume los números que corresponden a los sucesos que le ocurrieron el año anterior. Si su puntaje es superior a 200, tiene un 50 por ciento de probabilidad de enfermarse seriamente a causa del estrés; un puntaje de 300 o más aumenta a un 80 por ciento sus posibilidades de enfermarse.

Suceso	Puntaje
1. Muerte del cónyuge	100
2. Divorcio	73
3. Separación matrimonial	65
4. Estadía en la cárcel	63
5. Muerte de un familiar cercano	63
6. Enfermedad o trauma físico personal	53
7. Matrimonio	50
8. Despido	47
9. Reconciliación matrimonial	45
10. Jubilación	45
11. Cambio en la salud de un miembro de familia	44
12. Embarazo	40
13. Dificultades sexuales	39
14. Nacimiento de un bebé	39
15. Reajuste de negocios	39
16. Cambios en el estado de las finanzas	38
17. Muerte de un amigo cercano	37
18. Cambio de trabajo	36
19. Cambio en el número de discusiones con el cónyuge	35
20. Pagos hipotecarios grandes en relación con el ingreso	31

21. Ejecución de hipoteca o préstamo 30
22. Cambio en las responsabilidades del trabajo 29
23. Partida de uno de los hijos de casa 29
24. Problemas con los suegros 29
25. Logro personal destacado 28
26. Inicio o fin del trabajo del cónyuge 26
27. Inicio o fin del colegio 26
28. Cambio en las condiciones de vida 25
29. Cambio de hábitos personales 24
30. Problemas con el jefe 23
31. Cambio en las condiciones de horario laboral 20
32. Cambio de residencia 20
33. Cambio de colegio 20
34. Cambio en actividades de parroquia o comunidad 19
35. Cambio en recreación 19
36. Cambio en actividad social 18
37. Hipoteca pequeña en relación con el ingreso 17
38. Cambio en los hábitos de sueño 16
39. Cambio en el número de reuniones familiares 15
40. Cambio en los hábitos alimenticios 13
41. Vacaciones 13
42. Navidad 12
43. Violación menor de la ley 11

Fuentes: Holmes and Rahe, "Social Readjustment Rating Scale", *Psychosomatic Research*, vol. 11. Oxford, England: Pergamon, 1967. Reproducido con autorización de los editores.

GLOSARIO

Agotamiento: Condición asociada al estrés que resulta del estrés prolongado. Los síntomas incluyen el letargo, la alienación, la indiferencia a las actividades y la falta de satisfacción.

Antidepresivos tricíclicos: Clase de antidepresivos que aumenta el nivel de serotonina y de norepinefrina en el cerebro, aminorando la velocidad de absorción por parte de las células nerviosas.

Antioxidante: Molécula que, al neutralizar los radicales libres, ayuda a limitar las reacciones oxidantes potencialmente dañinas. Los radicales libres son fragmentos moleculares que tratan de robarse electrones de otras moléculas. Un antioxidante dona un electrón al radical libre, y de esa manera lo neutraliza. Los nutrientes que actúan como antioxidantes incluyen las vitaminas A, C y E, beta caroteno y selenio.

Benzodiacepinas: Grupo de medicamentos que reduce la ansiedad al incrementar la actividad de los neurotransmisores, los químicos cerebrales que reducen las transmisiones de impulsos nerviosos e inhiben ciertas actividades cerebrales.

Beta bloqueadores: Medicamentos utilizados especialmente para bajar la presión sanguínea, aliviar la angina y estabilizar los latidos irregulares del corazón.

Se consideran un medicamento contra la ansiedad porque bloquean las ondas beta del cerebro, las cuales se asocian con la excitación, y la epinefrina, una hormona del estrés.

Colapso: Condición que resulta cuando la capacidad de una persona de manejar las condiciones ordinarias de la vida se ve afectada por el estrés. Los síntomas incluyen la fatiga, la irritabilidad y el temor. Puede causar vulnerabilidad permanente al estrés.

Consejería psicoterapéutica: Terapia que utiliza métodos psicológicos que van desde el psicoanálisis hasta la modificación del comportamiento.

Cortisol: Hormona segregada durante cualquier clase de estrés.

Depresión: Sentimiento persistente de tristeza, desesperación y derrota, que puede ser síntoma de un desorden mental o físico de fondo.

Endorfinas: Compuestos que afectan las partes del cerebro que procesan la información sobre el dolor, la emoción y los sentimientos. Son llamadas a veces las hormonas del bienestar.

Epinefrina: Hormona segregada durante el estrés de cualquier clase. También se le conoce como adrenalina.

Estrés: Suceso o situación que perturba el bienestar físico o mental de una persona y causa tensión emocional o física, o el estado de tensión física o emocional que es causada por esta perturbación.

Factores estresantes: Una causa externa o interna de estrés.

Hormonas del estrés: Químicos, incluidos el cortisol y la epinefrina, producidos por el cerebro en momentos de estrés para inducir la preparación de los sistemas del organismo.

Huir o pelear: Otro término para la respuesta al estrés. Indica que el organismo prepara la respuesta bien sea para enfrentarse al agresor (pelear) o para escaparse del factor estresante (huir).

Inhibidores de la monoaminoxidasa: Grupo de medicamentos que aumenta los niveles de los neurotransmisores epinefrina y serotonina al reducir la producción de la enzima monoaminoxidasa, la cual normalmente descompone estos químicos.

Inhibidores selectivos de la recaptación de la serotonina: Agentes antidepresivos que tratan la depresión y la ansiedad al inhibir la absorción de serotonina.

Medicamentos psicoactivos: Medicamentos que afectan la mente o el comportamiento.

Medicina complementaria: Terapias alternativas, como la osteopatía, la quiropraxia o la acupuntura, que se utilizan además del cuidado médico tradicional.

Norepinefrina: Hormona del estrés que se desencadena a partir de una proteína que contiene el aminoácido tirosina. También se le conoce como noradrenalina.

Psiquiatra: Médico que se especializa en el diagnóstico y tratamiento de desórdenes mentales o psiquiátricos.

Respuesta al estrés: Proceso fisiológico que ocurre automáticamente en el cuerpo en respuesta al estrés: el reconocimiento del estrés, la preparación de los sistemas del organismo para enfrentarse al estrés, la resistencia exitosa o la adaptación al estrés, y el agotamiento (si la exposición al estrés es prolongada).

Serotonina: Neurotransmisor que se encuentra en el cerebro y que se asocia con sentimientos de calma.

Terapia cognitiva o de comportamiento: Enfoque psicoterapéutico basado en la creencia de que todo el comportamiento, y la percepción, se aprende y puede por lo tanto ser desaprendido. Esta terapia trata de producir cambios en el comportamiento y la actitud y enseña técnicas de manejo de la tensión.

Terapia de apoyo: Terapia de corto plazo que hace énfasis en apoyar, en lugar de cambiar, a la persona que está deprimida o ansiosa.

Terapia psicodinámica: Enfoque psicoterapéutico que se centra en los impulsos y deseos de fondo que determinan el comportamiento.

ÍNDICE

Cannon, Walter, investigación sobre estrés
    y, 5-6
Carbohidratos, efectos, 53-55, 57, 58
Colapso
    definición, 94-95, 128
Colitis, 61
Color, 26
Comidas, 51
Comportamiento compulsivo, causas, 62
Consejería psicológica, no médica,
        efectos, 99
Consejería psicoterapéutica
    definición, 96-98, 128
    terapia cognitiva — de
                comportamiento,129
    terapia psicodinámica, 130
Cortisol,
    definición, 129
    efectos, 7, 15, 54

D
Decisión, 23
Depresión
    carencia vitamínica y, 63
    definición, 93, 128
    estrés versus, 89-91
    estrés y, 8, 11
    síntomas, 89-91
    síntomas, tratamiento, 93-94
Dientes, chasquear los, estrés y, 79-80
Dieta y nutrición
    alimentos energizantes, 54-60
    alimentos tranquilizantes, 57, 58
    boro, 58
    carbohidratos, efectos, 53-55, 56, 58
    comidas, 51
    como medicina alternativa, 110
    fibras, 53-55
    grasas, 53-55
    proteína, 53-55, 56, 58-59
    selenio, 57
    tirosina
        efectos, 59, 60
        fuentes, 61

Distimia, depresión y, 93
Dolor de cabeza
    estrés y, 12
    migraña
        betabloqueadores y, 104
        luz fluorescente y, 26
        pautas, 60
        TENS y, 117
Dopamina, efectos, 60

E
Ejercicio
    aeróbico, efectos, 73-74
    apretar un objeto, efectos, 71
    caminar, efectos, 74
    cuello y hombros, 74,76
    lesiones por movimiento repetido y, 80
    nadar, efectos, 74,76
    postura, 78
    relajación muscular, efectos, 72-73
Ejercicios de apretar, efectos, 71
Endorfinas
    definición, 15, 128
    efectos, 15, 34
    ejercicio aeróbico y, 73
    relajación y, 83
Enfermedad cardiaca. *Ver también,* sistemas
    cardiovasculares
    terapia con hierbas y, 70
    vitaminas — minerales y, 66
Epinefrina
    definición, 73-74, 128
    depresión — medicamentos, ansiolíticos
            y, 104-105
    efectos, 6, 15
    ejercicio aeróbico y, 71-81
Escribir, 32
Espiritualidad, 31-32
Estimulación eléctrica transcutánea de los
            nervios (TENS). *Ver* TENS
Estrés asociado al trabajo
    costos, 21
    pautas, 19-23, 80